사라진 내 고향 한유開有

조남두 시집

사라진 내 고향
한유閒有

창조문예사

시인의 말

    1950~1960년대는 의식주 문제 중에서도 굶주림을 해결하기 위해 혼신의 힘을 다하는 시대였습니다.
    우리나라는 삼면이 바다라는 점을 감안하여 부산수산대학에 진학하여 먹거리를 해결하는 꿈을 펼치고자 하였습니다.
    수산생물을 식료품으로 개발하고 가공하여 내수와 수출로써 삶의 터전을 다지고자 공무원 발령을 포기하고 기업체를 선택하여 경험을 쌓아 꿈을 실현코자 도전을 하였습니다.
    희망의 나래를 펼치고자 했을 때 아버지의 보증사건에 휘말려 10년 재판 끝에 가산이 파산하여 날개가 꺾인 채 꿈을 잃고 좌절挫折하고 열 식구 먹고살기에 급급하며 헤매기도 하였습니다.
    살기 위해 동분서주東奔西走하다가 병환이 발생해 투병 끝에 시력장애까지 얻어 간신히 안정을 취하고 새로운 각오로 굴곡진 삶의 길을 걷다가 보니 다시금 평탄한 길을 걸을 수가 있었습니다.
    목표를 접고 마음을 비우니 아침의 햇살이 비치듯 본연의 앞길이 열려 정해진 본향이라 생각하며 검소하고 평화롭고 다정한 가정을 이루면서 수산업의 터전에서 정년 때까지 일조를 하였습니다.

    은퇴 후 무료하고 안일하게만 지내다가 치매라도 걸리면 어떻게 하나 싶어 차제에 무언가 생각하며 낙서라도 함으로 약간의 도움이 되지 않을까 하는 생각이 들었습니다.

　문학적 소질은 없지만 아버지께서는 한시 학자로서 순천향교 옥천서원 원장도 역임하셨기에 약간의 영향을 받은 것 같았습니다.

　평소 사색을 즐기는 편이라 가끔 산책을 하면서 시를 한두 편씩 쓰기를 하였습니다.

　2019년도에 코로나가 만연하여 마스크 쓰고 집 안 통수처럼 지낼 때 우연히 시집을 11권이나 발간한 고교 친구 김종기 시인과 직접 교류를 시작하였습니다. 카톡으로 시를 주고받고 하면서 내 시의 부족한 점을 지적해 주고 일깨워 줌을 통해 시적 영감靈感과 감흥感興을 받아 즐거운 마음으로 시를 쓰게 된 동기가 되었습니다.

　뒤늦은 나이 팔십 후반에 《창조문예》에 시로 등단함에 즈음해 그동안 제 나름의 정성을 기울인 작품이 컴퓨터에 담겨 '글'을 버리기에는 아깝다는 생각에 부족한 작품이지만 시집詩集이라고 부끄러움을 손바닥으로 하늘 가리듯 하여 감히 출간하게 되었습니다.

　아울러 이 졸저拙著를 출간토록 지도해 주신 순고의 벗 김종기 시인님 고맙습니다.

　그리고 한 시대를 살아오면서 기쁨과 도움을 주신 대한민국

학술원 회원이시며 부경대학교 명예교수인 장동석 박사님과 멀리 미국 시애틀에서 늘 아낌없는 격려와 협조를 해 주신 〈SKS 무역회사〉 회장 William S. Kang(강세홍) 박사님께 진심으로 감사드립니다.

 그리고 가족들과 주위의 여러 친구 친지들에게 고마운 마음을 전하고, 끝으로 해설을 주신 최규창 주간님과 시집을 잘 만들어 주신 《창조문예》 임만호 회장님 외 직원들께 두 손 모아 감사드립니다.

2025년 6월 6일
한산開山 조남두趙南斗 올림

🌿 시집 출간을 축하하며

    한산 조남두 선생은 나와는 대학 동기 동창으로뿐 아니라 그의 조용하고 섬세한 성품 때문에 친구 중에서도 따뜻하고 신뢰감이 높은 관계로 구십을 바라보는 지금까지도 초지일관 깊은 우정을 허물없이 나누며 지내는 내가 존경하는 친구입니다.
    그는 국립부산수산대학(현. 부경대) 제조학과를 졸업한 후, 한국수산개발공사 기획관리실 부장, 대왕실업㈜ 상무이사, 동원산업㈜ 이사, 고려냉장㈜ 부사장을 비롯하여 여러 분야에서 주요 직책을 역임하면서 한국 수산업 발전에 크게 기여한 삶을 살아왔습니다.

    친구 한산 선생은 다방면에 취미와 재능을 지니고 있음은 익히 알고 있었지만 이 나이에 시인으로 등단할 것이라고는 예상하지 못했는데 늦게나마 등단한 것을 부러움과 함께 기쁜 마음으로 축하를 드립니다. 시인은 손바닥에 겨자씨 하나를 올려놓고 그것이 큰 정자나무로 자라서 사람들에게 쉼터를 제공하고 또 그 위에 새들이 노닐며 노래하는 장면을 구상할 정도로 상상력이 풍부하다고 들었습니다. 또 시어 자체가 함축된 언어이거나 미사여구를 자주 사용하는 것으로 알고 있었는데 한산 선생이 창작한 시들은 일상생활에서 본인이 경험하고 느낀 감정들을 가감 없이 풀어 내려 문인이 아니더라도 내용을 음미하는 데 어려움이 없는 평범한 용어들을 활용하여 부드러움과 친근감을 불러일으키기에 충분하였다는 느낌이 듭니다.

　「어릴 적 울엄마」, 「시인의 말」에서 보듯 화자가 어릴 적에 성장하면서 느낀 감정이나 경험이 굴곡 없이 고스란히 담겨 있습니다. 그리고 「생명이 숨 쉬는 바다」는 바다, 바닷물, 바다와 자연의 섭리와 상호 관계를 물 흐르듯이 잔잔하게 서술하여 자연과학 문외한이라도 쉽게 이해할 수 있어 마치 수업 중인 교실을 떠올리게 하는 느낌입니다.

　늘그막에 그냥 친구가 아니라 노익장을 자랑하는 시인을 친구로 둔 것에 감사하며 앞으로 계속 정진하여 제2, 제3의 시집이 출간될 것이라 믿으며, 월간 《창조문예》를 통해서 시인으로 등단한 것을 다시 한번 축하를 드리는 바입니다.

장동석
(이학박사, 대한민국학술원 회원, 부경대학교 명예교수)

서시序詩

따뜻이 달래며 채근하며

먼동이 트면 곧바로 아침이고
해가 지면 어느새 저녁이 된다
하루하루는 어김없이 오고 가고
평생은 쉴 새 없이 거침없이 흘렀다

젊은 날의 도전의식이 차고 넘쳐
성공하려고 온 힘과 정성을 다했지만
한계에 부딪쳐 최상에 이르지 못하고
뜻과 꿈을 접었으니 몹시도 애가 탔다

언제나 그때 그 자리에서 맴돌고
서성이는 듯하였지만 계속된 노력이
전혀 헛되지만은 않아 반만큼의 성취를
감사하며 넌지시 종착역을 바라보고 있다

저녁 노을이 참다랗게 곱기를 기대하며
주어진 나름의 구실에 만족하는 여생을
후회없이 아름답게 보람지게 살고 싶어
따뜻이 달래며 채근하며 나의 시를 쓴다

차례

시인의 말	4
시집 출간을 축하하며	7
서시序詩	9

1부 / 꿈엔들 잊으리오

웃음꽃 가족	17
사라진 내 고향	18
우리 집은	20
깔담사리 따라다니다가	21
어릴 적 울엄마	22
옹달샘 물과 어머니	23
꿈엔들 잊으리오 내 고향 한유閑有	24
옛 집터는 간데 없고	26
요양병원 누님 찾아	27
가족애家族愛	28
봄날 봄비야 내려라	29
꽃잎이 꽃씨로	30
늦삼월의 봄나들이	31
오월은 오직 한 번뿐	32
오월은 계절의 여왕	33
봄비와 꽃비	34
봄꽃 빛깔 웃음소리	35
봄날의 감회感懷	36
산수유 꽃과 열매	37
꽃이 주는 평강	38
자색紫色 목련	39
새봄의 입맛	40

자연과의 동행	41
원미산 진달래 농화	42

2부 / 소녀와 단풍잎

지팡이와 나	43
여름날 밤 뱃놀이	44
폭염暴炎 아, 열대야熱帶夜	46
순백한 목련화	47
초록 춤판	48
능골산 정상을 향해	49
낮밤 열대 속 가을 기다림	50
귀뚜라미	51
아심찬한 가을 인심	52
다시 체득할 가을 망향	53
가을 들녘과 코스모스	54
소녀와 단풍잎	55
깊숙한 가을 속	56
국화찬菊花讚	57
억새밭에서	58
계절따라 나는 철새	59
가을비	60
가을바람	61
가을 상념想念	62
바닷가의 아침 이슬	64

3부 / 사계四季의 하늘

속을 태우는 촛불	65
첫눈 내리는 날	66

어떤 겨울나기	68
겨우살이의 효능	69
바다는 삶의 보고寶庫다	70
헌 달력과 새 달력	71
제야除夜의 종소리	72
둥지 없는 산새들	73
가을을 엿보는 겨울	74
하얀 눈이 내리네	76
첫 휴가와 제비들의 합창	77
하루를 열며	78
사계四季의 하늘	79
태양의 영역領域	80
가랑눈 가랑비	81
여수 오동도梧桐島	82
설악 춘하추동	83
길섶에 핀 산당화	84

4부 / 그 빛기둥을 잊을 수 없다

흔적痕迹	85
강남 간 제비는	86
보배로운 산	88
둘레길	89
화진포 해돋이	90
화진포 해넘이	91
화진포 달맞이	92
우리 동녘바다	93
와온의 해변	94
와온에서의 일출日出	96
와온에서 보는 일몰日沒	97
몽돌해변에서	98
세월호 참상을 애도하며	99
그 빛기둥을 잊을 수 없다	100
사슴의 사랑스런 재롱	101

별똥 카페	102
녹명鹿鳴	104
공존	105
자존감을 세우리라	106

5부 / 삶에 걸맞은 감사

우수雨水의 기도	107
찻잔 속의 달	108
거울의 실제	109
부부 한살이 그 다음	110
오늘은 내일로 가는	111
살길[生路]이 있다	112
만남은 우리에게	113
마지막 길 위에 서서	114
나무는 엄마처럼	115
그래서 사랑은	116
부부 바라기	118
우정은 물처럼 소금처럼	120
무슨 생각을 하였을까?	121
놋대야 속의 달을 보며	122
통일을 염원하며	123
생명이 숨 쉬는 바다	124
길은 걸으면 통한다	126
삶에 걸맞은 감사	128
넋두리 한판	129
마음	130

6부 / 강물보다 바람이어라

삶도 생각따라	131
열두 가지 촛불 혁명	132
늙어서야 시인이 되다	134
늙음도 자신이 감당할 몫	136
평생의 친구여	137

그리움은 무지개처럼	138
번뇌 속에 묻혀	139
연잎의 지혜	140
노인의 소회所懷	141
강물보다 바람이어라	142
무념無念	143
마지막 잘 살기	144
황혼의 인생	145
등정登頂을 위한 협력	146
아름다운 생각을 할 때	147
탄생의 축복	148
자연이 속삭이는 삶	149
빗자루와 걸레	150
마음을 내려놓자	151
인연	152

7부 / 세월은 탓하지 않는다

도전	153
세월은 탓하지 않는다	154
흘리는 눈물	155
즐겁게 사세	156
미처 몰랐었네	157
그대 그리워	158
젊음과 늙음의 사이	159
감사는 1·2·3·4	160
허무 앞에 서서	162
언제쯤 편히 만날까	164
외로운 노년의 길	165
이태원 참사	166
무상無常	168
절호絶好의 보슬비	169
대청호 둘레길 벚꽃을 보며	170
무지개 잔영殘影	171

노옹老翁아 이러하자	172
한 잔의 커피	174
노년의 골진 얼굴	175
고목에 핀 벚꽃	176

8부 / 당신을 사랑합니다

나의 마지막 갈망	177
서서울호수공원	178
당신을 사랑합니다	180
아, 옛날이여	181
비움에 대하여	182
빌고 빌면서	183
오늘 하루	184
석양	185
기러기 떼의 염원	186
짓궂은 늦가을비	187
감사 일곱 가지	188
사계四季의 순환	190
하루하루	192
사랑탑	193
남 탓 내 탓	194
심신정心身情	195
소낙비 전과 후	196
자연과 함께하는 삶	197
바람[望]	198

해설 • 향토적鄕土的 자연과 사물 속의 삶을 형상화   199

웃음꽃 가족

방글방글 미소 짓는 딸은
금방 피어나는 장미꽃이다

커다랗게 활짝 웃는 아들들은
즉시 다가와 앞에 선 해바라기,

고즈넉이 앉아 바느질하는
빙그레 웃는 어머니는 노란 들국화,

껄껄거리며 때마다 일마다
힘찬 함박꽃 아버지, 꽃 가족이다

1부 ● 꿈엔들 잊으리오

사라진 내 고향

탯줄 묻고 자라던 어린 시절
버드나무 잔가지 꺾어서
망둥어 짱뚱어 잡던 바닷가
장도와 송도가 눈앞이었지

봄이면 아지랑이 피어오르고
하늘에는 종달새 지지배배
저녁때면 초가집 지붕마다
희게 검게 피어나는 굴뚝 연기

와상 옆에 모닥불 연기 피워
모기떼 쫓던 더운 여름날 밤
별이 쏟아질 듯 총총한 은하수
북두칠성 삼태성을 눈에 담고

부푼 꿈을 꾸며 자라던 동네는
산업화로 개발되어 흔적도 없어
추억 속에 잠든 고향의 그림자
안타깝게 그리움만 살아 숨 쉬고

정든 고향 산천을 등지고 타향에서

누구나 흩어져 산 세월 고달팠다
소식 없이 방황한 힘든 아픈 세월
생각할수록 회귀본능 눈물범벅이다

우리 집은

우리 집은
비바람 추위 더위를 막아주는
둥지이고

정으로 품어주고 감싸주는
안식처이며

먹고 자고 일하며 쉬며 사는
보금자리이고

꿈과 희망으로 행복이 넘친
생활의 터전이며

낭만과 애환이 공존하는
추억이 깃든 곳이고

우리 집은
건강과 생명이 살아 숨 쉬는
삶의 공간이다

깔담사리 따라다니다가

대여섯 살 때 우리 집에는 머슴 셋이 있었다
논밭 일을 도맡아 하는 상머슴 중머슴에다가
소를 맡아 깔(풀)을 베어와 먹이는 깔담사리,
소를 전담하는 열다섯 살 안팎 까까머리 형이었다
형 동생마냥 친한 사이였기에 심심 궁금한 난
꽁무닐 따라다니다가 향기로운 찔레꽃밭에서
갓 자란 통통한 찔레 순을 꺾어 먹기도 했다

유난히 생각나는 건 잔솔밭 둥지에서 회색빛
알록달록한 여러 새알을 찾아 좋아라 외치며
정신 놓을 만큼 신바람 나서 방방 뛰었던 일,
산마다 참꽃 진달래와 개꽃인 철쭉이 한창일
무렵에 형이 꽃잎을 따 먹는 걸 따라 하노라고
철쭉꽃을 따먹고 배가 아파서 토하며 고생을
하자 깔담사리 형이 나 때문에 혼쭐났던 것을…

어른이 된 깔담사리 형은 어디서 어떻게 살까
살아 있다면 꼭 만나고프다 그 형 덕분에 나는
철부지를 벗어나 소년 청년 장년 어른이 되어갔다

어릴 적 울엄마

첫닭 우는 새벽이면 옹달샘 물 길어다가
부뚜막 옆 시렁 위에 정화수를 차려놓고
자식 건강 행복 위해 지성 드린 우리 엄마
어린 아기 등에 업고 앞동산에 올라서서
하교하는 자식들의 귀가하는 모습 보려
먼 발치로 하염없이 바라보던 우리 엄마

참혹하고 무자비한 여수 순천 반란사변
총부리로 협박받아 모진 풍상 겪으면서
많고 많은 전답 농사 가정살림 꾸미시고
사시사철 사랑방에 생면부지 오신 손님
늦은 밤중 밥상 차려 봉사하신 희생정신
온 가족을 사랑하며 평화롭게 살았건만

한 살 세 살 어린 동생 누구 품에 살으라고
마흔여덟 우리 엄마 원통하게 저승 가니
새벽마다 지성 올린 천지신명 야속쿠나
효도 한번 해봤으면 원도 한도 없으련만
살아생전 불효자식 사무치게 후회 남아
그리움만 쌓여져서 한이 되어 애절쿠나

옹달샘 물과 어머니

동네 앞산 자드락* 외길 따라가면
바다로 흐르는 냇물의 징검돌을 건너
뚝 밑 양댕이 옹달샘에서 솟는 용천수*

신성리 왜성*의 외성 북쪽 산기슭에 있는
이 샘은 공교롭게도 우리 집 자드락 밭과
양댕이 논 사이에 자리한 정갈한 샘이다

어머니는 새벽마다 머리를 정연히 빗고서
이 샘물을 호로병에 고이 길어 와 부엌의
가마솥 조왕중발* 위에 정화수로 올리고는

가정과 가족의 번성과 안녕을 축수했나니
지성 감천이라 자나 깨나 오로지 올린 정성
일곱 터울로 아들을 낳은 온 문중의 경사라

지금도 귓결에 남아 감도는
"보고픈 어머니의 곱고도 맑은 그 웃음소리!"

* 자드락: 나지막한 산기슭의 비탈진 땅.
* 용천수湧泉水: 땅 밑에서 지표면으로 솟아 나오는 물.
* 왜성倭城: 임진왜란 때 일본군이 한반도 남쪽 바닷가에 축조한 성.
* 조왕중발竈王中鉢: 부뚜막 정면 벽의 복판에 흙으로 조그맣게 대를 만들고 그 위에 올려놓고 정화수를 떠 놓는 그릇.

꿈엔들 잊으리오 내 고향 한유閒有

천지 간에 수많은 곳 중 어두운 밤하늘에도 집집마다
대문 안에 밝은 달이 떠서 한가로움이 있다는
한유閒有에서 맨손 쥐고 울며불며 태어나서
그곳에 태胎를 묻고 성장하며 부푼 꿈을 꾸면서 살아온
정다운 동네 한유, 그 이름도 아름답고 그리워라

꿈에도 그리던 정든 고향은 국가발전의 산업화로
공단 조성사업에 전용되어 동네는 물론 고향 산천마저
흔적조차도 찾을 길 없이 사라지고 말았으니 참으로
애통하고 안타까워 눈물이 앞을 가립니다

수구초심首丘初心이라고 말 못 하는 짐승도 죽을 때면
머리를 고향 쪽으로 향한다고 하였는데
하물며 인간의 탈을 쓰고 얼마나 한심하고 통탄스러운 일입니까
미수米壽를 넘다 보니 더더욱 그립습니다

'한유'의 샘물을 마시며 한 시대를 동고동락同苦同樂하신
일가친척, 친지, 친구 모두가 알뜰한 고향을 등지고
낯설은 타향에서 뿌리를 내리기 위해 노심초사*하며
객지의 설움에 얼마나 고생들이 많으십니까

비록 생활에 쫓겨 소식이 적조한 나날을 살더라도 또다시
만날 수 있는 그 날을 학수고대하면서 '한유'라는
두 글자만은 잊지 마시고 사랑하며 항상 건강 보전하시며
행복을 누리시고 자자손손 무궁한 발전과 번영있으시기를
간절한 마음으로 두 손 모아 기원하는 바입니다

* 노심초사勞心焦思 : 몹시 마음을 쓰며 애를 태움.

옛 집터는 간데 없고

탯줄을 끊자 내가 고고성*을 울리었던
해룡면海龍面 선월리船月里 한유閑有

바다의 용이 뭍으로 솟구치고 한가로운 달이 유유한 마을
앞바다에 배띄워 달과 노닐던 선유船遊놀이, 그곳이
내가 살던 농촌 어촌 산촌이 두루두루 어울렸던 촌락
한가운데, 지금은 흔적조차 찾을 길 없는 옛집

동네 앞동산만이 덩그렇게 남아 있으며 동쪽 신성포 주변은
바다를 매립하여 산업화에 따라 공장지대로 조성되고 왜성의
본성과 외성만이 개발 후보지로 남아 있을 뿐이다

꿈속에서라도 보고픈 동네는 고속도로로 변하여 씽씽 달리는
차량들의 소리가 덮쳐오는데,
고향 옛 어르신들은 다 이승을 하직하였어라

어릴 적 동무들은 팔순을 넘은 노옹인데
지상 낙원 한가운데 옛 집터 어디 갔는가
산천은 속절없이 변하고 인걸은 사라졌구나

* 고고성呱呱聲 : 매우 높고 크게 내는 소리.

요양병원 누님 찾아

그토록 고생한 보람도 없이 무엇이 잘못 꼬여 요양병원 신세인고

자주 찾아뵙고 싶었지만 뜻밖의 '봉와직염' 병환을 얻어 보행을
못 해 뒤늦은 문병이 시선을 마주치면서도 말 한마디 못 한 채
아는 듯 모르는 듯 그냥 눈만 깜박이니 어쩌면 좋습니까

목소리라도 듣고 싶어 찾았는데 한마디 말씀조차 못 하니 차라리
아니 보는 것만 못하여 안타깝고 죄송함에 앞서 좀 더 빨리
찾아뵙지 못한 아쉬움이 몹시 마음을 옥죄며 아프게 한다

날이 갈수록 정신은 더욱 혼미하고
몸은 점점 야위고 쇠약해져 가시니 이곳이 고려장인지,
아니면 머나먼 불귀의 저승길 떠나는 간이역이런지
하염없이 슬픈 눈물만 흘러내린다

하늘에 계신 주님이시여!! 주님의 은총으로 아픔일랑 눈 녹듯
사라지게 하시고 다시금 환희의 삶을 살 수 있도록 보살펴
기적을 베풀어 주옵소서 두 손 모아 간절히 빌고 빕니다

가족애家族愛

아빠를 많이 닮은 큰아들 하나
엄마를 빼닮은 막내아들 하나
아빠 엄마 빼닮은 공평한 딸까지

사랑하는 우리 부부 혼인 뒤의
알토란 같은 핏줄로 얽힌 가정이라
자나 깨나 언제나 즐겁고 보람찼다

귀가하면 집안은 땅 위의 천국
먹지 않아도 배가 고프지 않았고
가난해도 근심 걱정이 없는 최고 최상

나름대로 자랑스러운 으뜸 가족이다

봄날 봄비야 내려라

엊그제 진눈이 내려 질컥거렸었네
오늘은 봄비가 정다이 내리고 있어
포근하게 하염없이 보슬보슬 부슬부슬
엄마 품에 안겨 잠든 아이의 숨결처럼

아직 공기는 춥고 땅은 얼어 있지만
봄볕이 바른 양지엔 연록의 떡잎이 나고
곧바로 꽃봉오리들이 색색으로 돋을 게고
비야 내려라 봄의 신비를 싣고 자주 오너라

늙은이의 눈에도 사람들의 가슴에도
어찌 보면 쓸쓸하기도 흐뭇하기도 한
두 갈래 마음가짐일 수 있지만 새봄은
기쁘고 행복한 나날이 될 게 분명하다

첫 봄비야 내려라 꽃 세상 만들 봄날 봄비야

꽃잎이 꽃씨로

나는 여린 꽃잎 같았다
엄마 품에서 떠나기 싫어
매달려 울며 떼를 쓰는 게
꽃송이에 악착같이 달라붙은 꽃잎이
된바람에도 떨어지지 않으려는 것처럼,

분산되는 순간부터 공중에서 추락
땅바닥으로 낱낱이 외톨이로 뒤채고
짓밟히다가 마침내 메말라 사라지고 말아
꽃송이의 꽃잎으로 핀 아름다움도 사라지고 홀로
가엾게 말라 쪼그라져도, 빛깔이 곱던 꽃잎이었잖아

내가 자라서 엄마 품을 떠난 뒤부터
왠지 허전하고 고적해 자주 울었다고 해도
나 혼자 독차지 못 하고 여러 형제자매와 공유한
엄마 꽃송이가 꽃잎 진 그 속에서 꽃씰 알차게 익혀
일곱 남매 꽃씨를 세상에 뿌려 새 꽃나무로 자라도록

늦삼월의 봄나들이

가녀린 연둣빛의 산과 들녘에서
아지랑이를 피우는 햇볕이 내려와
점점 짙은 녹음으로 북돋우고 있다

겨우내 앙상했던 나뭇가지마다
둥지를 틀고 사는 여러 멧새들의
지저귐을 듣는 재미가 점점 쏠쏠하다

알록달록 송이송이 갓 피어난
꽃잎마다 뿜어내는 향기로운 냄새
어디선지 날아와 춤추는 벌 나비 떼

만발하자 모여온 상춘객의 신난 웃음이
마치 꽃인 양하니 하늘은 더 청명하고
따뜻한 봄바람은 살그머니 감싸고 돈다

오월은 오직 한 번뿐

오월의 햇살에 숲과 풀밭은
연록이 진록으로 바뀌고 있다

아무도 몰래 변하며 으스대는 걸
오월의 꽃들은 알아채고서 더더욱
색색으로 자태를 뽐내며 피우는 걸
나보다 먼저 남이 볼세라 눈에 넣고

아기자기한 새소리와 도랑물 소리
바람이 초목을 흔들어 술렁이는 소리
모든 자연의 자태를 싸안고 돌고 돌아
노래보다 청아해 사라질세라 귀에 담고

지금 지나면 또 다른 모습과 소리로 변모할
사물의 아름다움이 더할 나위 없는 일이기에
인류 역사상 딱 한 번이고 내 생애도 다시없는
추억을 보배로이 마음에 새기고 또 시화한다

오월은 계절의 여왕

오월의 꽃들,
유난한 향기를 뿜어내는
큰 나무 덩굴나무의 꽃들이 곳곳에 핀다

햇살을 받을수록
더 향기로워지는 넝쿨장미꽃
햇발이 퍼지는 데마다 꽃 냄새가 향긋하다

봄비에 함초롬히
사분사분 젖은 라일락꽃[*]
비 그치자마자 사방으로 풍기는 속살 내음

나무의 높고 낮은 가지
나지막한 잔가지의 아카시아꽃
햇볕과 빗물을 받아 떨어지는 꽃잎의 냄새

오월은 으뜸의 달
1년 12개월 중 어느 달보다
꽃모양 꽃빛깔 꽃내가 좋아 계절의 여왕이다

* 라일락꽃: 서양수수꽃다리가 우리말.

봄비와 꽃비

필 때는 예뻐서 달뜨고 설레며
질 때는 분분히 날리는 게 서운타
꽃을 바라는 마음 누구나 그러하다

봄볕에 하얗게 벙글벙글할 때
봄바람까지 불면 화사한 자태가
송이송이로 풍성해 감탄의 연발連發

꽃가지 가지마다 흐드러졌다가
산들산들 바람 불면 벚꽃 나비들이
날개를 편 채 무수하게 나부끼나니

때마침 봄비가 짓궂게 내리면 꽃비와
어울려 꽃잔치 나들이를 함께 하노라니
손 들고 봄비와 꽃비에 속속들이 젖고파

봄꽃 빛깔 웃음소리

옷깃을 살그니 파고드는
따뜻한 실바람의 결결이
버들강아지 실눈 틔우고

남은 눈이 녹아내려
흐르는 시냇물 졸~졸~졸~
봄이 열리는 소리 소리 소리

산수유 진달래 개나리
멀고 너른 들녘의 아지랑이
활짝 피는 봄꽃 빛깔 웃음소리

봄날의 감회感懷

얼어붙은 땅에도 옴추린 가슴에도
혜풍*이 불어 꽃들은 피는데

코로나19로 지극하게 어려운 삶이
질기게 떠나지도 사라지지도 않는다

따뜻한 봄볕을 받아 마음은 심숭생숭
가지가지 꽃이 피고 꽃향기 향긋한데

속절없고 기약 없는 병마와의 싸움 때문에
내 연륜*이 몇 번이나 더 둘릴까* 몰라

* 혜풍惠風: 화창하고 온화하게 부는 봄바람. 음력 삼월을 달리 이르는 말.
* 연륜年輪: 나이테, 나이바퀴. 나무의 줄기나 가지 따위를 가로로 자른 면에 나타
나는 둥근 테.
* 둘리다: 둘레에 선이 쳐지거나 벽 따위가 쌓이다. 둘레가 둘러싸이다.

산수유 꽃과 열매

머나먼 남쪽
강 건너 바다 건너
혜풍은 아지랑이 품고
따뜻한 바람 불어와
잠든 산수유 일깨워서
송이송이 노랗게 꽃피워
벌 나비를 유혹하고
사람들의 눈길도 훔친다

산들바람 불고
고추잠자리 춤출 때
살갗을 스치는 금풍이 불면
산수유나무 가지마다
주렁주렁 알차게 매달린
꽃보다 예쁜 빨간 열매는
보약과 건강의 재료라서
사람들의 눈길을 당긴다

꽃이 주는 평강

눈을
노상 아름답고 황홀하게
매료시키는 건 꽃들이다

코에
살그머니 날아들어 와서
자극하는 건 향기로움이다

마음이
빛깔과 내음에 취했을 때
정답고 너그러우며 넉넉해진다

구순九旬을
바라보며 살고 있는 나
평강*의 불가결한 활력소로구나

* 평강平康 : 걱정이나 탈이 없음.

자색紫色 목련

매섭게 부는 칼바람을 떨치고
화려한 자주색 목련 꽃망울 맺은
나무가 줄줄이 서 있는 근린공원

아직도 앙상한 길고 가는 나뭇가지마다
싱그러운 꽃봉오리들이 방글방글하는 게
엊그제였는데 오늘 웃음 짓는 자색 목련

나뭇가지에 앉은 자줏빛 꽃송이들
송이송이마다 제각각의 모양새가 신비롭다
봄바람에 꼭꼭 매달려 정결하고 화사하다

벌 나비들은 봄의 전령사가 되어 자목련이
전하는 소식을 받아들고 또 다른 꽃들에게
옮겨 앉아 소곤대며 봄꽃의 향연을 재촉한다

새봄의 입맛

옷깃을 풀어 재끼는 봄날 들녘에
아물아물거리는 아지랑이 속에서
노고지리들 우짖는다 공중 어디선가

봄샘 추위를 품고 부는 꽃바람은
햇볕이 다스운 양달로 모여드는데
봄동은 노지에서 초록으로 파릇파릇

흙뿌리의 봄동 여러 포기 포기를 뽑아서
샘물에 철철 씻어 겉절이로 올린 밥상에다
보리싹 이파리에 된장 풀어 끓인 국물까지

생기 담아 탄탄해지는 나의 몸과 마음에다가
움트고 어린잎과 꽃망울이 활짝 피어나리니
봄기운 묻어있는 온 기쁨이 맑고 싱그럽구나

자연과의 동행

순진무구한 사람들아
성화 부리지 말고
짜증 내지 말고
돌고 도는 세상 자연과 동화하며
지혜롭게 삶을 즐기면서 살자

덥다고 짜증낸들 여름 가더냐
가물다고 성화 부린들 비가 오더냐
모든 조화調和는 조물주의 뜻이오
높고 높은 하늘의 뜻인 것을…

짜증 부리면 내 얼굴만 망가지고
성질을 내면 내 마음만 타는 것을,
착한 마음으로 기도하고 때가 되면
비도 주고 서늘한 가을도 주더이다

태풍 앞에 촛불 같은 사람들아
마음에 들지 않는다고 한탄 말고,
자연과 동행하며 여름은 덥게 겨울은
춥게 걸맞게 살면 심신이 편안하다오

원미산 진달래 농화*

삼월의 원미산은 진달래꽃이 수를 놓는다
회갈색 산등성이가 연분홍 무더기로 번져
예쁘게 채화彩畫 되는 것을 구경하는 재미
꽃질 무렵부터 녹색 잎이 번지는 신기新奇

꽃잎 따서 씹으면 달작지근한 참꽃이기에
진달래 꽃술을 유리병에 담가 마시니 약술
구경하면서 즐길 때쯤이면 두견새가 울기에
두견화杜鵑花인데 새는 밤에만 우는가 보다

꽃구경하러 산에 오른 사람들은 순간순간을
사진에 담고자 깔깔대며 폼 잡고 업고 업힌다
군집* 사이 오솔길엔 상춘객이 모여들어
등 떠밀릴 지경이라 이런 풍광 참 좋구나

---

* 농화弄花: 아름답게 만발한 꽃을 보며 즐김.
* 군집群集: 한 지역에 모여 살면서 유기적으로 사는 생물의 무리.

지팡이와 나

누가 지팡이를 스틱이라 하였던가
나는 네게 의지하고 너는 나를 보호한다
지팡이와 나는 필요충분조건의 친구다

전철을 탈 때면 지팡이는 날 대변하여
넌지시 내 친구는 장애자요 노인이라고
사람들은 지팡이 때문에 자리를 양보한다

나는 고맙다고 수줍은 듯이 인사를 하며
자리에 앉으며 마음속으로 되뇌어 본다
오늘도 지팡이 너 신세를 졌구나 고마워!

내 순된 마음은 어느 사이 홍당무가 되었다

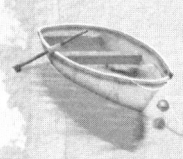

2부 ● 소녀와 단풍잎

여름날 밤 뱃놀이

달빛도 어슬퍼 희미하게 비추는
무더운 여름날 밤 갯내음이 물씬
풍기며 밤바람이 살갗을 스치는
동네 앞산 아래 어귀 바닷가에서

돛대도 접은 채로 돛단배에 몸을 실어
정담을 주고받으며 담소 짓던 세 친구
노를 저으며 선유를 즐기면서 해안따라
유람할 때 뱃전을 찰싹대는 바닷물 소리

썰물에 배를 맡기며 뱃전에 누워
하늘을 쳐다보니 크고 작은 별들이
쏟아질 듯 반짝이며 바다를 비춘다
별빛은 파랑에 닿아 더욱 영롱하고

어느덧 동심에서 저건 네 별 이건 내 별
헤이는 사이 즐거움도 한층 녹아나고
웃음이 배꼽을 쥐어짤 때 밤은 깊은데
배는 썰물에 밀려 사구에 얹혀 버렸다

꼼짝할 수 없는 지경에 서로 당황해서

어찌할 바를 모르다가 지친 나머지
꼬박꼬박 잠들었는데 새벽녘에서야
밀물로 배가 떠올라 서둘러 돌아왔다

밀물을 타고 노를 저으니 배는 한결 빨라
힘도 적게 들고 귀항할 수 있어 기분도
상쾌함을 느낄 때 붉은 해는 솟아 동트는
햇살 등에 지고 개선장군인 양 귀가했다

폭염暴炎 아, 열대야熱帶夜

해가 뜨면 아침나절부터 저물 때까지 낮동안의 불더위
해 져도 무더위가 이어져 햇새벽까지 25도 이상 열대야
폭염과 열대야가 기승을 부리는 칠월 팔월 구월 중순 펄펄펄
지구 북극 남극의 만년빙이 녹고 최고봉 만년설도 풀린다

밤낮없이 숨쉬기조차 되알지고* 힘들어 죽을 맛이니 열사병
사四계절이 뒤죽박죽인데 고마운 삼한사온도 사라져 아열대
땀투성인 몸 식히려 에어컨 켜고 찬물 찾아 여닫는 냉장고와
선풍기는 뒷전이고 승용차로 달려 강과 바다로 떠나는 물놀이

삼복三伏을 견디고 입추처서立秋處暑를 지나자 가을로 넘어가고파
몹시도 기다리던 한가위를 즐기고도 아직이구나
언제나 볼까 기린 목처럼 우러러 시원한 바람에 귀뚜라미 우는
가을이여 폭염을 짓누르고 열대야를 걷어갈 추파秋波여 오라

* 되알지다 : 힘에 겨워 벅차다.

순백한 목련화

따뜻한 봄을 시샘하는
을씨년스런 꽃샘추위와
한겨울 칼바람도 밀쳐내고

앙상한 잿빛 나뭇가지 위에
아름답고 청초한 하얀 꽃봉오리
화려하게 피고 지는 순백한 목련화

학鶴인 양 고고한 꽃송이 송이
벌 나비 굶주려서 배고플까 봐
꿀 향기 가득 담아 곱게 피어주고

봄날이 저만치 멀어질 때면
하얗게 물든 꽃잎 바람결에 날리고
가지마다 푸른 잎도 활짝 피우리라

초록 춤판

이른 봄 옅은 녹색 짙은 녹색의
산야를 보면 신록의 색동 층층이
참 곱고 싱그럽다 못해 황홀지다

봄 길을 둘이 앞서거니 따르거니
걸음은 따박따박 가벼워 경쾌하고
혼자면 타박타박 걸음나비 무겁다

딱따구리 나무 쪼는 소리 여기저기
메아리로 퍼지다 되돌아오는 산울림
산까치가 깍깍대는 불협화음 사이로

이름 모를 산새들의 화락* 소리
흰나비 노랑나비 또또 쌍쌍 나비 나래
팔랑팔랑 온통 숲은 초록 춤판이로다

* 화락和樂: 화평하고 즐거움.

능골산 정상을 향해

녹음이 울창한 산속에서
숲 향기를 오래 호흡하는
오전 오후가 제각각이지만
유독 여름 산책길 땀투성이

푸른 하늘 아래 정상의
벼랑 위 앙상한 나뭇가지
울퉁불퉁한 비탈진 오솔길
겨울날의 눈길이 험난했다

오를 때는 언제나 힘겹지만
온몸이 젖어서 목마를 적과
힘들고 숨 가쁜 건 마찬가지
아슬하나 동행이 있어 다행

동일한 등반길도 계절따라
숲 풀밭 꽃동산 눈비에 맞춰
나의 맘과 몸이 같거나 다른
반응과 느낌이 무진장 좋아라

낮밤 열대 속 가을 기다림

낮 하늘은 불볕더위 땅에는 불꽃이 이글거리고
밤에는 가마솥더위 속 찜통에 드러누운 양하다

낮 밤 없이 24시간 주야장천 기승*이 꺾이지 않아
숨이 막히도록 비지땀을 흘리니 온몸이 옥죄인다

초복 중복 말복 사라지고 온도는 연속 30도 안팎이기에
삼복三伏이 더위 똥을 싸지 못하고 죽고 말았는가

무엇보다 계속적인 열대야로 밤을 눈뜬 채 지새우니
몸은 늘어져 가누기 힘들어 극성스런 더위가 재빨리

지나길 비는데 귀뚜라미 쓰르라미가 함께 이슬 머금고
구슬피 우짖어 재촉함으로 가을이 문득 다가올 셈이야

* 기승氣勝 : 성미가 억척스럽고 굳세어서 좀처럼 남에게 굽히지 않음.

귀뚜라미

늦가을 밤하늘이 검푸르게 맑아가다
새벽에 이르면 서리가 하얗게 맺힌다
어디선지 귀뚜라미들이 밤을 지새워
귀뜰 귀뜰 귀뜨르르 귀뜰 귀뜨르르
가을이 묻어 있는 소리 소리로 운다

보고 싶고 만나고 싶다고 배가 고프다고
새날이 밝아온다고 소리 높이 길고 가늘게
멀리선 아득히 그윽하게 가까이선 또렷이
모든 벌레들과 합주 합창으로 지새우는
찬미가 아니란다 사랑의 노래란다

가을의 예쁜 전령사 사랑의 낭랑한 전도사
꽃밭 울밑 처마 속 샘가 곳곳에서 유난하다
마음이 서러운 이는 스스로 구슬피 운다 하고
달콤하게 잠든 이는 잠결 속에서 흥겨워하고
알곡과 열매를 여물게 하는 원숙의 노래란다

아심찬한 가을 인심

단풍이 푸른 잎사귀를
더 붉게 단장하기 시작하면
높고 파란 밤하늘에서 서리가 내린다
찬 습기가 시린 물방울로 맺힐 무렵부터
단풍잎이 울긋불긋 곱게 물든다

산짐승들과 곤충들과 벌레들은
겨울잠을 깊이 자야 하고 월동할 자리엔
먹이를 쟁이고 번데기나 씨알로 변했다가
새봄에 새싹으로 씨알은 새끼로 부화케 한다
가을바람이 모질수록 휘덮이고 쌓이는 낙엽

가을 나들이 온 여기저기 일행은
풍성한 곡식과 과실이 가득가득해
가는 곳마다 보기만 해도 배가 부르고
신기해 신나서 기쁜데 육고기는 기름지고
생선은 요리 솜씨따라 맛깔난 진미珍味니
어딜 가든지 넉넉한 인심이 풍성해 아심찬하다[*]

* 아심찬하다 : 미안할 정도로 고맙다는 뜻의 전라도 방언.

다시 체득할 가을 망향

여름날 불가마 같은 찜통 속
대낮은 눈을 뜬 채 숨이 막히고
밤에는 눈을 감은 채 땀투성이던
폭염 열대야 태풍까지 겹쳐
사람이 살기 힘든 아열대 기후로 급변

기나긴 여름의 끝자락 올해의 추분*이
지나며 밤이 길어지니 벼가 익기 시작한다
드높고 맑은 쪽빛 하늘 두리둥실 솜털 구름들
곳곳 지역마다 가을 축제 소식이 빈번하다
안면도로 갈까 순천 갈대밭으로 갈까 설렌다

고향 바라기가 한결같아 사라진 해룡면 한유
발자취를 더듬고 와온 바닷길로 순천국가정원
갈대숲으로 한 바퀴 너울춤 추듯 두루두루
다니면서 옛날처럼 새벽 서리 맞아 볼까나
몸소 체득*할 망향의 기쁨과 보람이 가없어라

* 추분秋分: 24절기 16번째. 낮과 밤의 길이가 같아졌다가 그 이후로 밤이 길어짐.
* 체득體得: 몸소 체험하여 알게 됨. 뜻을 받아서 본뜸.

가을 들녘과 코스모스

하늘은 드높아 드맑다
가지가지 빛깔로 바람결에
핀 코스모스는 조그마한 우주다

그리스어 코스모스의 의미는
질서와 조화를 지닌 우주라는데
한해살이 여리고 여린 풀꽃 이름이다

꽃송이 하나하나에는 여덟 개 꽃잎
마치 꽃술을 감싸안고 지키는 형상
색깔마다 하양 노랑 분홍 그리고 초록 잎

꽃술에는 가을 벌과 나비들이 들랑날랑
장단 맞추듯 가냘픈 꽃잎들이 살랑살랑
꺾일까 봐 낭창낭창 휘는 꽃대의 꽃보라

기나긴 코스모스 길의 가을들녘은 콧노래다

소녀와 단풍잎

가을 하늘 차가운 날씨에
단풍잎은 찬 서리 맞고서
빨갛게 멍들고 낙엽 되어
바람결에 나부껴 뒹굴고
밟혀서 진토가 되기 앞서

예쁜 소녀와 눈이 마주쳐
고사리 같은 손에 이끌려
책장 속 책갈피가 되었다
소녀는 며칠 후 나를 보고
정말 예쁘다며 칭찬한 후

소녀는 날마다 나를 찾고
나는 그녀만을 기다리며
가끔씩 만나서 속삭인다
교과서 속에다 넣어줄까?
소설책 속으로 보내줄까?

오늘은 사랑 시 속에서 잠든다

깊숙한 가을 속

십일월의 첫 자락에 붉은 잎사귀들이
바람을 타고 노랗게 핀 들국화들 위로
하늘하늘 떨어지는 이른 아침 부신 햇살

가을옷을 입고 서리가 채 마르지 않은
들길을 걸어 알곡 이삭을 노리는 참새 떼를
논둑에서 허수아비와 함께 워이워이 쫓는다

상강霜降이 지난 지가 근래이기에 날씨는
매우 쾌쾌청청快快晴晴코 구름 한 점 없는
하늘에는 새들이 논밭엔 바지런한 농부들이

이제 추수할 철이구나 풍년가는 저절로 일고
배추, 무, 대추, 밤 제철 남새 과실이 푸지구나
"더도 덜도 말고 한가위만 같아라!"라는 우리 소원을

밤새 풀벌레들이 신명나게 노래한다 새벽까지

국화찬菊花讚

가을의 볕살이 묻은 서늘한 햇빛
가을을 슬쩍 숨기고 부는 찬바람
가을을 널리 알리는 풀벌레소리

멋스런 풍치를 빚는 추국秋菊은
여러해살이풀이라 한 번 심어 놓으면
응당 쾌청한 가을 하늘아래 옥토에서
주로 노랗고 하얀 빛깔로 곱게 피고
게다가 짙고 맑은 꽃 냄새가 십리까지
진동하기에 누구나 반하고 취하나니

꺾어선 안 될 줄 알면서도
꽃다발로 묶어 한 아름씩 드리고
꽃송이를 따가운 추양秋陽에 말려
차로 타 마시는 멋스런 취향이
우리의 오감五感을 흥겹게 한다

억새밭에서

상암동 높은 자리
가을철 하늘공원에는
억새들이 머리칼을 풀고 산다

하루에도 몇 번씩
소슬바람에는 소슬소슬
산들바람에는 산들산들
나부끼며 어울림 춤을 추면서
마치 귓속말하듯 소곤소곤
가까이 가까이 오라고 유혹한다
억새풀숲에 들어가서는 남몰래
손 내밀어 맞잡고 인사하고파라
때로면 어깨를 견주며 춤도 추고파라

세상만사 잊어버리고 억새밭에서
감쪽같이 숨어 귀를 쫑긋하게 열고
"으악새* 슬피 우니~" 노랫말을 상기하며
드맑은 가을하늘을 우러르는 사람이고파라

* 으악새 : 억새의 사투리.

계절따라 나는 철새

부화한 곳은 있어도 제자리에
정착을 못 하고 계절따라 살기 좋은
환경과 먹이 찾아 세계를 누비는 새

무리 지어 푸른 창공을 우두머리 명령따라
앞서거니 뒤서거니 하며 쉼 없이
끼룩끼룩 소리내며 힘차게 날갯짓한다

호수나 강가 늪지대에 안착하여 둥지
틀고 먹고 즐기면서 산란하고 새끼 치며
공중을 비상하고 배회하며 한철을 내고

철이 바뀌면 새 떼 무리는 기후와 생활
조건이 좋은 곳을 향하여 다시금 하늘을
지붕 삼아 멀리 이동하고 생동하는 새다

가을비

가뭄 끝에 가을비가 단비 되어 내린다
살포시 땅 먼지를 어루만지어 주듯
가랑비는 마지못해 안타깝게 뿌린다
거북 등처럼 갈라진 메마른 땅은
목마름에 감질나서 짜증을 내고
초목은 반가워서 기지개를 편다

풀뿌리는 물 맛보려 마중하며 안달인데
가을비는 야속하게 보슬비 되어 내리고
우산 속 여인네는 종종걸음으로
치맛자락 비 적심을 못마땅해하면서도
물 부족에 애가 타서 아랑곳하지 않고
주룩주룩 내리기를 기도하며 걸어간다

자연은 비 갠 뒤 추위를 예약하고
부실한 몸일랑 오싹오싹 움츠러지는데
어느덧 마음은 겨울 준비에 앞서간다
비야 내려라 하염없이 내려라
목마른 대지를 단비로 흠뻑 적시어서
굶주림에 지친 만물에 생기 찾아 주려무나

가을바람

소슬바람 불어와
억새풀 나부끼니
여름은 쫓겨나고

뭉게구름 두둥실
하늘은 높아지고
대지는 가을 햇살

나뭇잎은 단풍 들어
울긋불긋 자랑하니
구경꾼들 즐거워라

인생길도 꽃길 되어
주름살 머문 자리에
웃음꽃이 활짝 펴라

가을 상념想念

파란 하늘을 보며
솜털 같은 흰 구름에 맘을 싣고
마치 흑두루미처럼 유유히 날면
얼마나 좋을까
갈대밭 사잇길에서
밀물이 들이닥치는 뻘밭 게 구멍을
부단히 들랑날랑하는 방게들은
얼마나 신날까
가을바람이 불어와
붉고 노란 낙엽이 우수수 지는 것을
그녀와 손잡고 걷는 길에 나뒹구는 게
얼마나 고울까
서리 맞고 드센 가을꽃들
들국화 쑥부쟁이 국화 구절초 벌개미취
날씨가 추워질수록 성성하고 싱그러우니
얼마나 드셀까
밤이면 길섶 어디선가
모든 풀벌레 소리 애잦다 못해 구슬픈데
밤을 새워 애달피 짝을 찾는 사랑 노래들
얼마나 애탈까
가슴 속속들이 가득한

건전하고 가치있는 행복한 삶을 추구하는
생명체들의 풍요를 보람으로 여기는 상념*
얼마나 값질까

* 상념想念: 마음속에 품은 여러 가지 생각.

바닷가의 아침 이슬

밤이면 광양만 파도 위 물안개가
갯벌과 모래사장과 바다 숲을 넘어
동네 인근까지 자욱하게 넘쳐났다
논밭 골목골목 집집의 풀잎 꽃잎에
방울방울 맺힌 영롱한 이슬 이슬 이슬
무슨 비술*로 저렇게도 고울까
이른 아침 바닷가 논밭과 마을 주변을
살핀 아버지의 젖은 바지 자락과 신발
세수 후 마루에 오르며 "잘 자라겠다"
뭣이 잘 자란다는 걸까 이웃들 사람과
오곡백과의 풍년을 기리는 염원이리라

이슬이 승화해 생명체가 산소 호흡한다는 걸
오랜 경험으로 아버지는 아시는데 나는 몰랐다

* 비술祕術: 비밀히 전해 오는 술법.

속을 태우는 촛불

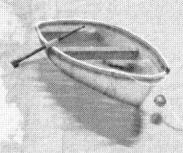

3부 • 사계四季의 하늘

속을 태우며 흘리는 눈물
무슨 말 못 할 사정이 그리도 많아
몸을 태워 뜨거운 눈물을 흘리나

늙지 않고 살 것 같은 내 청춘
세월따라 언제 어이타 흘러가고
촛불처럼 풍전등화가 되었구나

한 세상 더 산다고 고쳐질까
타는 가슴 눈물로 씻어야 하나
후회만 남는 서글픈 노년인생

뜬구름에 실어 유유자적하다 보면
새까맣게 탄 이내 마음 지워지려나
속 태우며 눈물짓는 가련한 촛불아

첫눈 내리는 날
– 117년 만의 폭설

하얀 눈이 나리네

아직 늦가을인가 했는데
올겨울의 시작을 확인하는
첫눈이 펄펄 폭설 되어 내리네

밤인 듯 낮인 듯 어둑한 아침
우산 속의 바지에도 길 위에도
진눈깨비는 내리고 녹고 쌓인다

차 창밖 가로수에도 건물 위에도
하염없이 눈은 내려 은백의 일색
버스는 가다 서다 거북이 걸음걸이

산과 들 허허벌판 나뭇가지에도
소복이 내리는 백설로 이불 덮고
단풍잎은 습설*에 낙엽 될까 애걸*

하늘을 눈발이 뿌옇게 물들이고
병원 진료 검사 결과 불길할까 봐
설레는 첫눈이 속타는 마음 적신다

첫눈인 117년 만의 폭설로 건설*의
세 배 무게인 습설이 내려 시설물과
나무들 피해가 속출되어 아쉽구나

* 습설濕雪: 기온이 높을 때 형성되는 수증기를 많이 품은 눈.
* 애걸哀乞: 소원을 들어 달라고 애처롭게 빎.
* 건설乾雪: 기온이 낮고 건조할 때 형성되는 눈.

어떤 겨울나기

엄동설한嚴冬雪寒의 한가운데 매섭고 찬 바람이
살갗을 파고들어 두터운 겉옷과 목도리를 감았다
번화한 거리엔 성탄 캐럴송이 흥겹게 울려 퍼지고
구세군 요령소리가 울리는 자선냄비에 손을 뻗친다

고층 빌딩의 커다란 스크린엔 온통 눈이 내리는 설경
때 만난 견공犬公들은 목줄에 매달려 이리저리 뛰고
거리는 하얀 눈발이 소복하게 쌓이면서 휘날리지만
상가마다 고객 손님 맞기에 상품들은 휘황하게 빛나누나

백발이 성성한 나는 나이 들까 더하기 셈에 망설이는데
저승에서 온 사자는 빼기 셈에 능하기를 바라는 내 마음
속으로 얄궂은 나를 탓하며 웃다가도 날이 가고 해가 가면
끊임없는 인생살이 또다시 새로이 찾아오는 봄을 맞으리

겨우살이의 효능

참나무 밤나무 팽나무에 기생하여
서로 더불어 살아가는 겨우살이
높은 산 중턱 커다란 나무 위쪽
쌍떡잎 식물 단향목 상록관목이다

녹음이 우거지면 속 깊이 묻히고
겨울에는 흰 눈이 쌓인 가지에서
푸른 꽃도 피우는 혹한과 한파에도
견디며 싱싱하게 기생하는 식물이다

인동초같이 생명력이 몹시 강인하여
혈압과 당뇨와 항암에도 유익한 약초
겪는 수난만큼 강해져 병마를 이긴다
겨우살이 차, 겨우살이 술, 겨우살이 약재로

새들이 겨우살이 열매를 먹고 배설한
점액질에서 씨앗을 발견할 수 있으니
완전한 기생성 관목의 대표적인 식물
귀중하여 채취할 때 보람되고 값지다

바다는 삶의 보고寶庫다

지구 면적의 71%를 차지하는 바다,
해와 달, 지구의 인력에 의해 매일같이
밀물과 썰물이 교차하는 드넓은 해양이다
바다는 천연 광물질과 어류 및 수생동물이
서식하여 인간에게 식량 자원과 단백질을
공급하는 원천이며 천혜의 자원 보고*이다

육지에서 강물과 함께 흘러온 영양염류와
바닷물 속의 다양한 미네랄과의 조화로 짠맛을
형성해 3.5% 염분 농도의 해수를 이루고
바닷물은 햇볕에 증발하여 지구촌 동식물에
필요한 산소를 공급하고, 선박들의 화물수송시
항해가 원활토록 해상 교통망 역할도 한다

유구한 세월이 흘러도 바닷물이 썩지 않고
유지함도 자연의 섭리이거늘 인류가 무차별
공해를 배출하여 기후의 온난화 현상이 발생,
해수 온도 상승으로 빙하를 녹이고 해수면을 높여
육지를 잠식하고 폭풍우와 태풍 등 기상
이변이 속출하는 재앙도 인류가 해결할 몫이다

* 보고寶庫: 귀중한 물건을 간수해 두는 창고.

헌 달력과 새 달력

묵은 해 헌 달력이 세월과 함께 떠난 자리에 새해의
새 달력을 새롭게 거는 제야의 밤, 한 해의 희로애락을
되새김하며 잘 가거라 안녕! 언제나처럼 또 가족끼리
사랑하고 일터에서 일취월장하며 열심히 일하고 벗과
이웃과 함께 돈독한 우애로 상통相通케 해 달라고 빈다

마음 다해 소원하나니 날마다 해 뜨고 달 지는 자연의
순환처럼 안정되어 무탈하며 축복 있기를 기원하면서
유한한 인생과 마주한다 삶을 마칠 때는 알 수 없으나
종착지를 향하여 절뚝이는 다리로 숨차게 걷고 있다
과연 이듬해도 새 달력을 바꿔 걸 수 있으려는지

매우 연만年晩해지니 건강한 생활과 삶에 애착이 가며
부부와 더불어 사는 날이 끝날까 봐 심히 걱정된다
그 누가 알랴마는 분명한 건 언젠가는 끝나는 그날이
반드시 온다는 것이다 오직 당황하거나 원망 없이
주어지는 그날에 홀연히 빈손으로 떠나자

제야除夜의 종소리

한 해의 자정子正 곧 영시零時에
묵은 해를 잘 보내 드리고 새해를 맞는
온 나라 백성을 위한 새해맞이 행사다

12월 31일 밤 열두 시에 임박해서
새해인 1월 1일 영시零時로 넘어가는 시각에
세종로 보신각 큰 종을 서른세번 치는 벅찬 찰나

떠나가 버려 다시는 돌이켜 살 수 없는
'일모도원* 인생무상'이 아쉽고 아깝지만
무탈 감사와 새해에 대한 꿈과 기대와 축복

육갑六甲 띠가 한 해가 가는 동시에 바뀌는
첫날을 반기며 소원하는 온 백성의 축원이
함성과 노래로 우렁차지만 삶은 왜 숙명일까

* 일모도원日暮途遠 : 날은 저물고 갈 길은 멀다.

둥지 없는 산새들

흰 빛깔 위로 검은 빛깔이 깔리고
먹구름까지 덮이는 저물녘 산새들이
비가 올 조짐을 예감하고 앙칼지게
우짖으며 이 나무 저 나무를 날고 있다

둥지 없는 산새들 여러 나뭇가지에 앉아
거친 바람결을 타며 쫓기는 듯 다급하다
구애하는 간절한 소리가 아닌 울부짖음이
숲을 울리기에 내 맘도 그들처럼 조급하다

이윽고 어둠이 깔리며 굵은 비가 쏟아지자
몸 숨길 둥지도 가림막도 없어 그냥 맞는
빗줄기 속 암수 아비 어미 새와 새끼들까지
비 맞으며 잠잘 수 있을까 그러니 막막하다

밤비는 밤새 억수로 내릴 조짐인데 아침까지
어찌 견딜까 안쓰럽지만 자연에 순응해 사는
생태가 그러하니 어찌하랴 난 밤잠을 설쳤다
아침 숲의 부신 햇살에 새들은 여실히 노닌다

가을을 엿보는 겨울

무더운 여름철을 밀치고 차지한 가을
산들바람에 코스모스 국화꽃 피워
사람들의 눈과 마음을 사로잡은 계절에
고마움이 울려 퍼져 온 세상이 밝았다
들녘에는 오곡백과가 만발하여 풍성하고
발길에는 지천에 과일로 모자이크되어
가을 냄새가 삶을 풍요롭게 만든다

드높은 하늘에는 솜털같은 하얀
뭉게구름이 유유히 세상을 살피며 떠돌고
산과 들에는 노랗고 빨간 단풍이 오색빛
찬란하게 물들어 온 세상을 밝혀주며
가을을 뽐내니 만인들은 꽃보다 아름다운
풍경을 놓칠세라 인산인해를 이룬다

세상살이에는 남 잘됨을 시기 질투하는
존재가 있듯이 자연과 계절도 덩달아서
동지섣달 북풍한설 휘몰아치는 한파가
야수의 발톱을 살짝 감춘 채 이슬 맺힌
서리를 머금고 아침 저녁이면 몸과 마음을
오싹 웅크릴 만큼 가을날을 도략질하는

겨울의 속내를 드러내는 현실이다

돌고 도는 세상 그 누구라서 계절의 순리와
자연의 섭리를 막을까마는 드맑은 하늘아래
만산홍엽 진 산천을 바라보며 상큼한
가을바람 가슴에 부여안고 들녘에 갈대숲과
으악새 피어난 꽃도 보고 중천에 떠도는
철새들의 군무와 비상함도 보면서
아름다운 강산을 여행하며 한세월 지낼 수 있는
보람된 삶을 꿈꿔보는 지금이다

하얀 눈이 내리네
― 청룡의 해에서 청사의 해 사이에

눈이 내리네
흰 눈이 꼬리를 물고
온 산과 들 땅 위에도
하얗게 물들이네

일 년 지기 열두 동물
청룡[*]이 군림하는 세상
청사[*]가 하늘을 비상하며
미친 듯이 요동하니

망년[*]에 슬픈 청룡의
흘리는 이별의 눈물이
칼바람 한파에 백설되어
펄펄 휘날리네

하얀 눈이 내리네
가슴에도 천지 간에도
온 세상을 수繡놓듯이
소복이 쌓여가네

* 청룡靑龍: 푸른 용의 해.
* 청사靑巳: 푸른 뱀의 해.
* 망년忘年: 그 해의 온갖 괴로움을 잊음.

첫 휴가와 제비들의 합창

최전방 향로봉 고지에서 첫 휴가를 받아
그립던 집에 도착하니 아버지를 비롯해
온 가족 환영잔치가 밤늦도록 이어졌다

사랑방 아버지 곁에서 자다가 지지배배
소리가 하도 정답게 들려 일어나 마당쪽
창문을 활짝 열자 봄날 아침 햇살 부셨다

아, 빨랫줄에 앉아 우짖는 새들은 제비들
"참으로 오랜만~" 축 늘어진 채 줄줄이
앉아 날 환영하는 제비들의 "지지배배~~"

내가 참 반갑다고 말하자 "요즘 오잖더니?"
"제비들이 왔구나" 아버지의 묵직한 감탄사
후다닥 뛰쳐나가자 놀란 제비들은 하늘 높이

손 차양을 하고 제비들을 향하니 드맑은 하늘빛
고향의 봄날 아침, 병영생활에 지쳤던 심신에는
제비들처럼 솟구쳐 날아오르고픈 기쁨, 충일했다

하루를 열며

어두움을 뚫고
먼동을 붉게 물들이며
둥근 해가 동녘 수평선 위에
하루의 문을 열고 우렁차게 뜬다

만물은 고요한 적막을 깨고
햇빛 받아 활력 찾고 무성토록
성장하려 기지개를 켜며 하루의
촌음을 지혜롭게 소화하려 분주하다

지나간 아쉬움을 접고 내일의 희망 향하여
지금 순간을 과감한 도전과
열정으로 노력하여 알차고 보람지게
꿈을 성취하려는 생각과 굳은 신념

오늘의 소중함을 마음속에 새기고
일깨워 하루를 활짝 열고 서산에
노을이 질 때까지 인내하며 힘껏
갈고닦아 소원을 달성하는 그때까지

사계四季의 하늘

지평地坪에 아지랑이 피고 종달새 지지배배
남녘에서 불어오는 따스한 훈풍 속에
가냘픈 여인네의 연분홍 옷고름 휘날리며
뒤질세라 부옇게 바람꽃 피는 봄하늘

먹구름이 오고 가며 햇살을 뒤덮더니
우르릉 쾅쾅 천둥소리가 귓전을 때린다
새록새록 잠든 아가들의 단잠을 깨우고
죄인들의 가슴을 더한층 옥죄는 여름하늘

뜬구름은 명주실 실오라기로 눈썹 그리듯
하얗게 수놓으며 허공을 흘러만 간다
저 길따라 가면은 그 끝이 어데일런지
모름지기 사내 가슴 설레게 하는 가을하늘

을씨년스런 추위에 잔뜩 웅크린 날씨
백발이 성성한 늙은이의 머리카락인 양
흰 눈발이 내리려나 진눈이 내리려나
헤아림 없이 어둡고 캄캄한 겨울하늘

태양의 영역領域

태양은 광휘光輝, 환한 밝음이다
태양은 광채光彩, 맑은 빛깔이다
태양은 광온光溫, 따뜻한 온기다

광휘光輝는 빛의 줄기로 만물을 밝히고 투과한다
광채光彩는 빛깔로 만물을 채색해 물들인다
광온光溫은 볕내로 만물을 따뜻하게 해 준다

우주의 천공天空 어디에서나 달과 뭇별과 천체의 근본,
해양의 심해深海 속속들이, 토양과 지맥地脈의 정기이고,
지하의 흙 돌 바위도 억겁의 세월 동안 한결같은 합치다

사람의 생존에 필수인 온갖 물건과
먹거리를 공급하는 원천이기에
태양의 영역은 광대하고 무궁무진이다

가랑눈 가랑비

백설공주 슬픈 눈물을 두고 다툴 수 있다

한풍寒風에 얼어 내리면 가랑눈일 거다
온풍溫風에 녹아 내리면 가랑비일 게다

하얀 눈공주이지만 순수의 상징일 뿐이니까
그녀 눈물은 세우細雨 곧 가랑비 보슬비다

세설細雪이면 조금 조금씩 날리는 첫 눈이리라
봄이면 이슬비보다 좀 굵게 내리는 꽃비이리라

그때 마침 겨울이면 가랑눈이고 봄이면 가랑비다

여수 오동도梧桐島

한려해상 오동잎 닮은 오동도
동백나무와 신우대는 사철 푸르고
캄캄한 밤 정상에서 비추는 등대불은
항해하는 선박들에게 길잡이가 되고

겨울과 봄 빨간 동백꽃이 황홀하게
피고 지고 해 관광객들을 현혹시키며
여름날은 동백섬을 스치는
해풍과 동백나무 그늘로 간담을 서늘케 한다

파도는 용궁과 기암절벽에 부딪혀
굉음과 물보라로 안개꽃을 피우고
끼룩끼룩 지저귀는 갈매기 소리는
오동도의 정취를 새롭게 드높인다

남해안의 푸른 바다 수평선 넘어
파도를 가르며 항해하는 선박들이
항구를 오가며 내는 뱃고동 소리는
오동도와 여수항을 찬란하게 빛낸다

설악 춘하추동

늘 설악은 제자리에서 제 모습을 지닌 채
울산바위를 우뚝 세워 아들을 품은 듯했다
나는 깊고 좁다란 골짜기를 올라 낮고 높은
봉우리를 정복하려는 마음은 가져 보았지만
오직 통째로 우러러보며 철따라 관망해 왔다

봄날엔 초록 빛깔로 덮인 설악, 여름날엔 짙어가는
녹음, 가을날은 단풍과 낙엽으로 가득 찬 색깔들,
겨울날에는 찬바람 소리와 더불어 눈이 내려 쌓인
설악雪嶽을 눈 높이 치뜨고 바라기 해 맘에 담았다
계절마다 시샘하듯 덮인 구름 땜에 얄미워 속상했다

한없이 크고 넓은 동해의 수평선을 등에 지고 바람과
함께 밀어닥치는 파도를 업고서 설악에 취하여 있다가
돌아서서 보면 아, 이 아름다운 파랑의 끝없는 푸름에
또다시 넋을 빼앗기고 만다, 돌아서면 설악 울산바위
되돌아서면 망망대해를 아득히 조망하는 기쁨에 벅찼다

그때마다 내 옆에 함께했던 길벗들과 행복했어라

길섶에 핀 산당화

눈이 녹고 얼음이 풀리는 봄날
꽃샘추위가 몸을 옴츠리게 하는 날씨
연록의 잎 틔우노라 물오른 산당화山棠花
자태가 싱그런 햇발을 받아 정결하다

등산길에 내 눈길이 머문 자리에
빨갛고 예쁜 꽃망울들이 촘촘하게
열린 꽃송이가 지나가는 발길을 멈춰
세우며 붙잡고 놓아주지를 않는다

먼저 피고 이제 막 벙글어 진홍의
꽃송이가 바람결에 한들한들 유혹한다
이 꽃의 다른 이름은 정다운 명자꽃[*]
분홍색 담백색도 있는데 여긴 빨간 꽃뿐이다

봄바람이 산들산들 부니 산 길섶에 피어
지나다니는 사람들을 즐겁게 하는 삼사월 꽃
산당화는 열매가 구시월에 익는데 청황색
해밝은 꽃과 알찬 열매로 은은히 매료한다[*]

[*] 명자꽃: 장미과의 낙엽 활엽 관목. 잎은 타원형 또는 거꾸로 된 피침 모양
           이다. 다른 이름은 산당화.
[*] 매료魅了하다: 사람의 마음을 완전히 사로잡아 홀리다.

흔적痕迹

지나가고 머문 자리마다 남기고 간 나의 자취
세월이 흐를수록 여기저기 얼키설키 얼룩얼룩
선명했다 점차 흐릿하다가 마침내 사라지지만
아주 미미하게 영영 남아 보이지 않는 모자이크

생존의 희로애락에 오욕이 녹아들고 배어 있는
우리의 삶이 서리고 어린 곳 누구에게나 아주
지울 수 없는 애환이 아들딸 손주 그 후손으로
또한 역사가 되어 진실하게 기록해 전하는 일

어쩌면 아름답게 험난하게 짓궂게 이어질 상징
지워지는 것들 아까워 영영 남기고픈 우리 유흔遺痕
안타깝고 안타까운 영혼은 하늘서 영원하리라는
믿음만이 우리가 남길 유일무이할 흔적이 되리라

4부 • 그 빛기둥을 잊을 수 없다

강남 간 제비는

따뜻한 봄날 제비 한 쌍 날아와
처마 밑에 반달 모양의 집을 짓고
마당 한켠 빨랫줄에 앉아 지지배배
동네 제비들도 불러 줄줄이 앉아서
지지배배 소리를 이해한 듯 재잘재잘
수다 떨다 먹이잡이 가자는 듯 비상한다

콩밭과 남새밭 위를 지그재그로 날으다가
순식간에 벌레를 낚아채어 배를 채우고
해질녘엔 집을 찾아와 사랑을 속삭인다
어느 사이인가 새끼 네 마리가 짹짹거려
한 쌍의 부부새는 벌레를 물고 들락날락
배불리 먹은 새끼들은 무럭무럭 자라나서

본능적으로 날갯짓 연습에 박차를 가해
제비집 받침대를 오르락내리락 한창이다
어미 부부는 부지런하게 하늘을 날으며
녹두밭 채소밭을 누비면서 곤충을 잡아
새끼들 배 채우며 날으는 법도 가르치니
재빠르게 날갯짓하며 주위를 서성인다

여름날이 끝날 무렵 여섯 마리 가족은
빨랫줄에 앉아서 작정한 후 새끼들은
공중을 날으며 곤충도 재빨리 낚더니만
어느 날 밤이 지새고 나니 제비 가족들은
오고 간다는 기약도 없이 강남으로 훌쩍
떠나고 제비집은 또다시 봄날을 고대한다*

* 고대苦待하다 : 몹시 기다리다.

보배로운 산

내가 제일 좋아하는 산은 지리산이지만
거리가 멀고 너무 높아 등정이 버겁다

매일 오르던 산은 고향에선 뒷동산이고
서울에서는 동네 근처의 능골산이다
어디서나 산꼭대기를 우러러 보노라면
산에 올라 정상 정복에 도전해 보라 한다

높은 산 골짜기의 맑은 물은 아래로 흘러
산책로따라 합류하여 시냇물을 이루고
숲에서 뿜는 산소는 건강을 선물하고
새들은 자유로이 날아 지저귀며 반긴다

비록 산악인은 아니지만 평소 산이 좋아
봄이면 진달래꽃과 산꽃들을 즐겨 보고
여름이면 녹음 숲속을 거닐며 산책하고
가을에는 붉게 단풍진 풍경에 매료된다

산 자들은 등산을 통해 도전의 용기를 배우고
외로우면 산에 올라 노래하고 크게 소리친다
죽은 자에게는 무덤으로 영원한 안식처 주고
무릇 산은 삶의 지혜를 자애로이 가르쳐 준다

둘레길

풀 잎새에 이슬이 방울방울 맺힌
갓밝이*와 이른 아침 사이 서서울
호수공원 둘레길을 상큼하게 걷는다

심호흡을 계속 들이마시며 가슴 펴고
불편한 다리를 달래며 쉬엄쉬엄 걷는
새벽이 아침으로 넘는 밝은 하늘아래

아직도 풀숲에 숨어 우짖는 풀벌레 소리를
귀에 담고 나의 보행步行을 맞추려 하다가
그만 쓰러질 뻔한 걸음을 다시 가다듬는데

사람들이 재빠르게 앞질러 걷는 걸 어쩌랴
부럽기도 하지만 각자의 건강의 기준인 것을
모두 건강하게 살자고 비는 나의 일념 행복하다

* 갓밝이 : 새벽, 동트기, 새벽녘.

화진포 해돋이

새벽 수평선을 뚫는 검붉은 빛발
널리 멀리 높이 퍼뜨리면서 이내
무작시리 큰 불덩어리가 점점 솟친다

어둠에 갇힌 세상을 활짝 여는 섭리
잠든 사물을 일깨워 하늘로 뻗게 하며
땅과 그 밑으로 퍼져갈 벅찬 생동이다

삼팔 이북이었지만 휴전 후 남녘땅이 된
고마운 경승지 새 아침의 파랑이 그지없고
모래톱 둔덕 자리에서 돋는 해와 맞선다

명사십리 가없는 모래밭을 들이치는 물결
거칠다가 곱상하다가 되풀이되는 출렁거림
지금 난 온전히 햇빛에 감싸인 햇사람이다

화진포 해넘이

높고 낮은 산마루가 첩첩이 겹쳐진 서녘에
하루해가 불그스럼하게 물드니 참 곱다랗다
흔드는 바람과 그 밑의 물그림자 고즈넉하다

물새들은 둥지를 찾아 날아들고 물풀 사이에는
새끼들을 모아 밤 맞이할 채비하느라 분주하다
호반湖畔에 가로등이 밝혀지고 어둠이 깔린다

질주하는 차량과 산책하는 사람들의 분주한 귀가
새 떼 우짖는 소리 머나멀고 찰싹이는 물결소리가
아슴아슴하다 캠프의 떼창이 솔숲 넘어 아득하고

어둠이 깊어질수록 호수는 물을 가득히 머금는다
호숫길을 무던히 걸었더니 뻐근해 벤치에 앉아서
이제부턴 밤 호수와 나만의 이야기를 소곤대리라

화진포 달맞이

자정이 넘었는데도 잠이 오지 않기에
밤이 깊을수록 아늑해지는 콘도를 나와
밤 바닷가 모랫벌을 사뿐사뿐 걸었다
바다에 달빛이 고즈넉하게 비추고
하얀 모래는 어둠 속에서도 선명하다
수평선의 아마득한 선박 불빛은 느릿느릿
남으로 향하고 가로등은 제 아래만 밝힌다
북쪽의 초도항은 한밤을 지새울 요량이며
발걸음은 모래 위에 숨긴 달그림자를 밟는다

점차 호숫가로 향하는데 솔바람소리와
뒤쪽에서 멀어지는 파도소리와 교차한
바람소리 호수 물소리에 취객의 노랫소리
아아, 이 모든 소리에서 홀연 벗어날 만큼
환히 함초롬히 하늘과 호수를 모두 밝히는
높직한 보름달이 바다도 고루 쓰다듬고 있다
숨을 죽이고 몸을 재바르게 놀려 호수로 나가
물살 밑으로 가라앉을 듯 물결따라 넘나들 듯
나 홀로 관조하면서 달과 별들의 빛을 만끽한다

밝음의 겉과 고요함의 속은 모두 다 내 것이다

우리 동녘바다
– 정동진에서

동녘에서도 서녘에서도 남녘에서도
바다에 에워싸인 반도에 산다

나는 유독 정동진에 펼쳐지는
망망한 바다가 좋아 이따금 갔다
광화문의 정正 동쪽 끝자리

해가 솟는 찬란한 광채光彩를
일순간에 볼 수 있는 놀라운 감동
바라며 돋는 해를 맞는 통쾌한 기분

백사장에 서서 돋는 해를 내 품 안에
안고파 밀려든 인파와 모두 다 함께
너울너울 창파는 백사장을 드나드는데

밤새 달려온 우리 피곤함은 간데없고
환희로 새해를 맞아 축복이 넘쳐나길
염원하고 기도하며 간절히 손을 모둔다

와온의 해변

야산을 등지고 남서해南西海를
호수처럼 안아 해변을 에워싸고 옹기종기
세워진 집과 골목길, 현대미를 좇으며 조망眺望과
전망이 좋은 곳에 '펜션'이 드문드문 엿보인다

태胎를 묻은 곳은 아니지만, 고향땅
'해룡'이란 두 글자가 몸에 배어서일까
'와온'의 갯마을이 더없이 포근하면서
아늑하고 온화함에 친근감이 감돈다

저 멀리 수평선 넘어 다도해多島海의 끝
고흥 팔령산의 여덟 바위 봉峰이 톱니처럼
일직선으로 뻗은 자태와 주변의 산들이 겹겹이
밀려오는 파도처럼 파노라마를 이룬다

썰물에 드러난 갯벌에는 조개들이 숨어 숨쉬고
'쩔룩게'는 옆걸음하고 '짱뚱어'가 이리저리
날뛸 것 같은 착각이 느껴져 어린 시절에 백홍
나뭇가지 꺾어 회초리 만들어서 짱뚱어 잡던
추억이 주마등처럼 뇌리를 스쳐간다

새까만 벌 밭에는 '왜가리' 십여 마리가 가냘프고
긴 붉은 다리를 자랑하듯 벌밭 위에 한 발 두 발
발자국 수놓으며 긴 목으로 먹이잡이에 한창이다

잔잔하게 일어나는 파랑波浪의 바닷물은 청명한
가을하늘의 햇볕이 쨍쨍 내려 쬐여 은빛 섬광을
자아내므로 보는 눈을 의심할 정도로 예쁜
풍광이 펼쳐지고 있다

지금은 간조 때의 바다풍경이 이룬 장관이지만
만조 때의 색다른 광경을 맛보고 싶은 마음에
다시금 찾고 싶고, 걷고 싶고, '드라이브'하고 싶은
감명 깊은 '와온의 해변'이다

와온에서의 일출日出

와온에서의 하룻밤 아늑한 펜션 숙박이다
글자 그대로 눌와 臥, 따뜻할온 溫, 와온의
밤잠은 고향의 품속이라 포근하고 따뜻해
하루 날의 피로가 눈 녹듯이 풀려 곤히 잠든 사이
어디선가 들리는 뻐꾸기의 뻐꾹뻐꾹
애처롭게 우는 소리에 잠을 깨니 이른 새벽
동네 뒷산에서 안타까이 우는 소리였다

창밖을 보니 어스름하게 해무가 깔린 속에
바닷물이 출렁대는 소리가 귓전을 스친다
이윽고 동녘의 여수반도와 남서쪽 고흥반도
사이의 여자만 수평선에서 떠오르는 붉은
해가 작은 섬들 사이를 뚫고 해무를 걷어내며
솟구쳐 떠오르는 장면이 장관이었다

포구마다 출발하는 발동선들은 고기잡이로
만선을 꿈꾸고 여자만 어장을 향해 경쟁하듯
줄기차게 바닷물을 가르고 어디선가 나타난
갈매기는 끼룩끼룩 소리 내며 뱃전을 오가며
바닷물을 챘다가 하늘을 날으며 율동한다
해와 어부, 갈매기의 하룻날을 여는 모습은
힘차고 아름다움이 가관이라 감명이 깊었다

와온에서 보는 일몰日沒

와온의 맞은편 고흥 팔령산을 바라보며
3km나 되는 해변을 산책하다 보니 불현듯
석양에 접어들어 값진 와온의 해넘이 광경을
볼 수 있는 기회가 주어져 행운이었다

석양은 무인도인 솔섬을 지나 화포의 서쪽을
넘어 붉은 황금빛으로 마치 공작새가
나래를 활짝 펼치듯 저녁노을이 순천만에
드리워진 아름다움과 바닷물의 파랑 속에
빛나는 은빛 파도는 시선을 온통 사로잡고

통통배 어선들은 노을 진 화포 어항을 향해
순천만을 가르며 짐작건대 만선의 기쁨으로
귀항 길을 재촉하고 순천만의 갈대숲과 습지를
배회하는 흑두루미와 철새들의 군무群舞는
하늘을 채색하여 마음속에 남는 풍광이다

와온에서 보는 석양은 한 폭의 그림같아
인위적으로는 흉내 낼 수 없을 만큼 신비하여
보는 눈을 의심할 정도로 화려하게 머릿속에
각인되어 또다시 찾고 싶은 고장의 일몰이다

몽돌해변에서

완도의 해변에 가득한 몽돌들이 닮고 닮아
신기해서 볼수록 또 다르고 달라 신비하다

본래는 모가 져 울퉁불퉁 제각각이었을 텐데
어찌 저리 고만고만 둥글고 길쭉 납작한 게
마치 남매들을 수두룩 벅적 모아놓은 것 같다

영겁의 흐름 속에 바다의 들고 나는 밀물 썰물
씻기고 갈리고 할퀴고 나뒹굴며 부딪치는 아픔
자연만이 감히 자아낼 수 있는 어여쁜 몽돌 몽돌

하루에도 두 번씩 드나드는 파도가 몽돌 사이에서
사르륵 짜르륵 소리는 자연 고유의 운율 마당
누가 그 소릴 흉내 내어 음악으로 만들 수 있으랴

나는 밤낮으로 보고파 듣고파서 숙박을 하고 주야로
바다를 주야장천 청음하고 관찰해도 바다 상태따라
내는 소리 형언할 수 없는 비경음률祕境音律이구나

세월호 참상을 애도하며
— 2014년 4월 16일

무정한 세월호야! 가려거든 너 홀로 가지
청운을 꿈꾸며 학창 시절의 아름다운 추억을
가슴속에 새기고자 기쁘고 설레는 마음으로
정이 넘친 학우들과 세월호에 몸을 담았건만

꽃도 꿈도 펴보지 못한 새싹들을 무참히도
짓밟은 너는 무슨 억하심정이 발동하여서
그토록 모질고 잔인무도한 심술을 부렸느냐
생각할수록 가련하여 애통하고 원통하여라—

세월호를 원망하랴! 맹골 바다를 원망하랴!!
따스한 사월의 봄날도 이 땅을 찾아왔건만
가엽게도 이승을 떠나는 사랑하는 아들 딸들아
붙잡지 못해 저승으로 보낸 심정이 안타깝구나

어디서도 주님의 은총과 사랑으로 못다 핀 꽃
활짝 피우고 편안히 쉬고서 부디 다시금 환생하여
못 이룬 꿈 꼭 이루기를 간절히 바라면서
고이고이 잠드시기를 두 손 모아 빌고 빕니다

그 빛기둥을 잊을 수 없다

캄캄한 밤 제주 하늘 구름층에서
길쭉하게 수직선을 이루며 쏟아지는
자연이 빚은 현란한 빛기둥이 눈부셨다

고요한 밤하늘에 별빛들이 모인양
하늘빛을 침자질하여* 놓은 것처럼
가끔 비온 뒤의 무지개 일곱 빛깔같이

기상 조건이 걸맞을 때 바다 상층부의
구름층이 육각 구조 얼음층을 형성하여
야간 조업하는 선박들의 집어등 불빛이

얼음층에 반사되어 기둥 모양을 나타낸 현상
일 년에 두세 번 한 시간 정도 펼쳐지는 신비
살면서 꼭 한 번 본 그 빛기둥을 잊을 수 없다

* 침자針刺질하다 : 바느질하고 수놓는 일을 하다.

사슴의 사랑스런 재롱

어느 봄날 일본 나라의 삼층 건물 동대사[*]
관광길에서 만난 사슴은 산자락 농원에서
방목하여 각기 자유롭게 행동하므로 관광객과
혼돈 속에 사슴은 행인을 따르고 행인은
사슴을 배경 삼아 사진 촬영에 여념이 없다

도로 길옆에 서성이는 재치있는 한 마리의 사슴은
지나가는 사람들을 향해 고개를 절하듯 끄덕이며
구걸하므로 행인은 사슴의 재롱에
감탄해 먹이를 주고 사슴은 고맙다는 듯
연신 고개를 구부려 거듭거듭 인사한다

이렇듯 사랑스러운 행동을 터득하기까지
사슴은 얼마나 많은 고민을 하였을까 하는
생각과 함께 사람과 짐승 사이에 이심전심
소통하기까지는 고생도 많았으리라는 생각에
가히 사슴의 기이한 행동에 감동하였다

* 동대사東大寺 : 일본 나라에 있는 절 '도다이지'.

별똥 카페

그윽한 솔 향기에 이끌리듯이
우거진 숲속 산책로를 걸어올라
별똥별이 떨어질 만한 마루터기일까
어둔 하늘 높은 중턱에 자리한 카페

삼대 가족 일행이 지그재그로
굴곡진 길을 따라 오르막 밤길을
제각기 숨을 몰아쉬면서도 재잘거리며
마지막 고빌 오르자마자 확 트인 시야

길을 밝히는 가로등의 고운 곡선과
아래 숲 사이사이 빌라들의 불빛과
하늘서 쏟아지는 검푸른 별빛 총총
시원한 산바람에 몸 식히는 차일 밑

찬 음료와 찻잔과 다과를 먹고 마시며
아이들은 망원경으로 별 무리 관찰하기
어른들은 고개 젖히고 올려다보기
별똥별 하나에 아우성치며 서로 화답하기

참 좋은 가족 나들이를 아쉽게 마치면서

손에 손을 잡고 얘기하다가 또 제창하기
할아버지 1대 아버지 2대 손주 3대 가족들이
눈물겨울 만큼 행복한 사랑을 나눴나니

녹명鹿鳴

사슴이 운다
굶주림에 허기진
배고픈 사슴이 운다

먹이를 잡아두고
굶주림에 시달린 동료를
목청껏 목메게 부른다

여기 먹거리가 있으니
다 같이 나누어 먹자고
소리치는 즐거운 비명소리

맹수들은 포식을 하고도
또 몰래 혼자 먹을세라
숨겨놓기 십상十常인데

사슴은 배고픔을 견디며
모두들 빨리 와서 먹자고
목청껏 소리 높여 부른다

공존

가장 높은 산도
뒷동산을 굽어보면서
얕보는 기색이 전혀 없다

우리 뒷동산은 나지막해도
드높고 아름찬 산을 우러러
몸 낮춰 굴신屈身하는 법도 없다

마을 길 동산 길 높은 산길
굽이굽이 오솔길 울창한 숲길
어디서 어떻게 만나든지 소통

누구나 끼리끼리 산행하노라면
길을 따라 오르막 내리막 열리는
산들과 자연스런 공존, 넘 좋구나

자존감을 세우리라

크고 작은 별 무리 속에 묻혀서
반짝이고 빤짝거리는
이름 모를 별이 내 별이라 해도 좋다

외딴섬 등대가 캄캄한 밤, 폭풍이
몰아치는데 항해하는
어느 선박 하날 향해 깜빡여도 괜찮다

넓고 넓은 어느 들판에 자연히
자라난 풀꽃 하나 제 홀로
피었다가 져도 서운할 리가 없다

언제나 그때 그 자리에서 하찮지만
존재감을 세우고
선 자리서 찰나마다 제구실하리라

우수雨水*의 기도

하얗게 얼어붙은 강물이
녹기 시작하오니 하늘에선 봄비가
내리는 절기를 유유히 운행해 주소서

코로나19로 한겨울같이 막혔던
우리의 삶이 따뜻한 봄볕으로 인해
풀어져 자유로운 일상을 누리게 하소서

동토凍土에 태양열을 점차로 쏟고
지열地熱을 끌어올려 온갖 움이 트고
싹이 나는 생명체를 보우토록 해 주소서

동면冬眠의 샘이 솟게 하고 겨울잠을
자는 개구리 도마뱀 같은 양서류와 파충류
포유류 조류 등이 약동하도록 도우소서

산천초목들을 위해 천상수天上水와
지하수地下水를 모두 주셔서 활기차게
상생하고 서로서로를 사랑하도록 하소서

* 우수雨水 : 빗물, 봄비 내리기 시작하는 때, 24절기의 하나, 입춘과
경칩 사이의 절기.

5부 ● 삶에 걸맞은 감사

찻잔 속의 달

쓸쓸한 가을밤
달빛 내린 창가에 앉아
조용히 사념을 즐긴다

그 어느 누가
둥근 달이 밤하늘에만
떠 있다고 말하는가

은은한 차 향기는
후각과 미각을 감돌아서
몸과 맘을 달래주고,

고요로운 밤중일수록
잔 속의 달을 바라며
벗님네를 연상해 그린다

거울의 실제

거울은 겉 꼴만 비추는 물상의 반영체다
속 꼴은 아랑곳하지 않는 사실만의 투영

웃으면 거르지 않고 당장 그대로 따라 하고
슬피 울어도 그 모습대로 숨기지 않는 재현

실제로 거울 속에 있는 것들은 허상이지만
형체나 동작을 따라 하는 유형 무이의 발로

거울 앞에 서면 나는 확실한 나의 모습이다
가버리면 실존의 물체가 사라지듯 옮겨 간다

언제나 추한 실상은 괴로운 객체로 담기고
아름다운 자태는 마치 천사인 양 사랑스럽다

부부 한살이 그 다음

마주 바라기 하는 명운命運의 남녀이다
그대 마음 발그레하면 나도 밝아 환해지고
내가 어두우면 그대도 어두워지고 만다
좋은 하루하루면 서로가 함께 더불어 좋고

둘 중 하나가 아프면 전이가 되어 아프다
하나가 몸져누우면 왜 따라 아파 눕는지
한쪽이 말쑥하도록 젊어지면 곱게 닮는다
젊어지는 힘 되받아 기력이 젊은이다워지고

내 일생은 그대 일생과 나란한 동행이다
낮엔 해 바라 웃고 밤엔 달같이 고즈넉하고
내가 늙으면 그대도 마찬가지로 늙고 만다
따라 늙어 백발이 될수록 더더욱 원숙해지고

누구든지 먼저 가면 뒤따라가는 목숨줄인가
두 목숨이 한 줄로 동여매어져 때가 이르러
누구라도 먼저 앞서 가면 다음 차례로 가나니
언젠지 하늘서 다시 만나 우리 또 바라기 하자

오늘은 내일로 가는

어제 오늘 내일 중 오늘이 현재이다
누구에게나 가장 친근한 하루 하룻날
나와 가족이 이웃과 동료가 함께 맞은
공동의 상존 가치 그대로인 현실이다

숨 쉬며 오늘을 산다고 내일도 그럴까
아무도 보장할 수 없지만 어느 날보다
오늘의 이 순간이 우리가 확실히 살아
일하는 중요한 생애로 이어질 순간이다

오늘을 아끼고 사랑하는 삶의 실천만이
내일을 면대할 자격을 부여받는 복이다
내일을 미리 살아본 오늘의 사람은 없다
확정컨대 어제의 다음 날이 오늘이기에

'오늘'이란 항상 오는 어제의 다음 날이다
또다시 연접할 수 있다는 은혜이기 때문에
우린 강물처럼 흘러 어제 오늘 내일을 믿는다
나의 오늘은 어제처럼 내일로 가는 길목이다

살길[生路]이 있다

새들은 공중에서 길을 낸다
어느 쪽으로 나느냐는 새의 맘이다

물고기들은 수중에 길을 연다
헤엄쳐 갈 데를 스스로 정해 간다

사람들은 지상에 길을 만든다
길 없는 곳이라 할지라도 앞서면 따른다

처음부터 없었지만 하늘에서
물속에서 땅 위에서 슬기를 모은 살길이다

아무리 미미한 동물이라도
삶터를 옮겨 목숨 보전하는 생로生路가 있다

만남은 우리에게

목마르게 만나고픈 사람을 보고픈 것은
인생의 황혼에 이를수록 우리 맘을 휘감는다
그건 그리움일 수도 있고 생을 마감하려는
본연本然에서 우러나는 사리事理고 정리情理

오래간만일수록 감회는 남다르고 유별하기에
얼싸안고 그간의 살아온 이야기로 회포를 풀고 푼다
현실의 삶이 녹록지 않아 굽이굽이 머금은 눈물겨움이
한으로 첩첩이 겹겹이 쌓이고 엉겨 뭉쳤으니 어찌 풀까

삶의 끝자락이 가까워지는 걸 스스로 예감하며 보일 듯
말 듯해서 눈에 넣고 깊은 속에 간직한 채 떠나야 할까나
그리운 사람아 손잡았다 포옹하고 담소하며 온 밤을
지새우면서 즐길 거나 사랑을 주고받아 우리 하나될 거나

마지막 길 위에 서서

가본 적이 없으니
살아본 적이 전혀 없고
갔다가 되돌아온 사람도 없다
속절없이 살다 보면 다다를 수밖에

방향감각을 발동해 바꿔 갈 방법마저
찾을 수 없어 서툴기만 해 당황스럽다
가면서도 이 길이 맞는 건지 망설이며
다른 길을 가보려 하지만 마땅치가 않다

어릴 적엔 부모 손 잡고 어디론지 가도
걱정 근심 아예 없고 호기심과 희망뿐
젊어서는 함께 가는 사람과 도움의 손길이
든든했고 이룰 수 있는 희망으로 벅찼었다

어떻게 걸었는지 그럭저럭 살며 아들딸 보자
힘겨웠지만 삶에 애착을 느끼면서 가로등 밑을
늦게 걸어 귀가할 때 마중하며 반기던 가족들
몹시 즐겁던 나날은 숱한 과거의 삶일 뿐이다

나무는 엄마처럼

나무는 얼음이 녹자마자
새싹을 틔워 새들의 보금자리를
파릇파릇 꾸며주고 살지게 먹인다

나무는 우거진 녹음이 된다
가지를 쫙쫙 펴 잎이 빽빽해져
그늘을 드리워 무더위를 피하게 한다

나무는 높고 낮은 산을 곱게
수繡를 놓아 열매를 살찌우고
알알이 익혀 사람과 산짐승을 먹인다

나무는 하얀 눈이 덮일 때
몸 사리잖고 벗은 채 찬바람을 막고
쌓인 낙엽 속에서 작은 생명을 보우保佑한다

나무는 벌목당한 뒤 목재로
집과 가구와 또 나무다리로 화목火木의
재로 변해 나무 밑동 거름이 된다

모든 걸 주고 또 주는 엄마처럼 자애롭다

그래서 사랑은

사랑은 마침내 눈물이다
좋아서 기뻐서 슬퍼서 아파서
그때그때 격정에 따라 변덕스럽다

생명체들끼리 나누는 생존 본능이며
살아있는 몸과 마음의 교집합이기에
주지 못해 안타깝고 받지 못해 애가 탄다

사랑은 메아리처럼 울려 퍼져서
가슴에 닿으면 반드시 부메랑이 되어
달아오르는 쌍방 사이의 합치合致다

서로 주고받으며 나누다 보면
흐뭇한 행복이기 때문에 속내에다
몰래 품어 숨기고픈 달콤한 비밀이다

그래서 사랑은 넘치도록 아끼는 성취成就
소리치게 좋아 아무에게나 자랑하고 싶지만
또한 감쪽같이 감춰 영원하도록 지니려 한다

갑자기 어쩔 수 없는 운명적 이별로 인해

헤어지고 말아도 변함없는 정情으로 남아
일생 동안 가슴에 새긴 속눈물의 씨앗이다

부부 바라기

부부는 그림자인가 봐
당신이 밝으면 내 마음도 밝고
당신이 어두우면 내 눈도 어둡고
당신이 좋으면 내 기분도 좋고
당신이 아프면 내 몸도 아파요
그래서 부부는 닮은꼴인가 봐

우리는 해를 향해 바라보는
둥글고 예쁜 해바라기이죠
가끔은 하늘을 우러러보며
사랑노래 부르며 기도하고요
때로는 서로 눈빛이 마주치면
수줍은 듯 미소를 남기지요

바람따라 흐르는 흰 구름 모양
창공을 유유히 떠도는 구름처럼
망구 되어 할망이라 부르더라도
나도 젊어 봤다고 속으로 삭히고
유유자적 방방곡곡 여행도 하며
즐겁게 노니면서 세월 보내요

늙어지고 살다가 그때가 오면
산이 부르면 푸른 산에 오르고
강이 부르면 강물따라 가고
앞서거니 뒤서거니 거닐면서
머나먼 황천길도 바라다보면서
아름답고 멋진 여생을 꾸며요

우정은 물처럼 소금처럼

우정을 어떻게 비유해야 가장 합당할까

바닷물에서 염분을 뽑은 소금가루
물은 소금의 비롯된 근본 소인*이기에
하나다가 둘로 나뉘지만 소금을 넣으면
맹물일지라도 바닷물처럼 짠맛을 내게 된다
그러니 우정은 음식에 간을 맞춰 맛깔을 내는
소중하고 반드시 있어야 할 생존의 만남이다

"빨리 가려면 혼자 가고 멀리 가려면 함께 가라"
아프리카 속담에 담긴 교훈처럼 백 세를 넘나드는
현대에서 젊은 날의 붕우와 일생을 동행하는 정이
없다면 얼마나 막막하고 힘겹고 쓸쓸하며 아뜩할까
가까이 사는 벗도 오래 떨어져 있는 벗도 교통하고
소통하고 맛있는 밥과 술과 차를 나누며 알뜰하자

사노라니 물과 소금처럼 둘이자 하나가 우정이다

* 소인素因: 근본이 되는 원인.

무슨 생각을 하였을까?

화진포의 둥근 호수 백사장에
동해 바다 푸른 물결 은빛 파도는
밀물되어 백사장을 드나들면서
하얀 모래 울리고는 썰물이 된다

6·25전쟁 이전 머문 김일성 별장
휴전협정 이후 머문 이승만 별장
남과 북을 지배했던 대통령과 수령은
수평선에 붉게 솟는 해를 바라보면서

자유민족 조국통일 염원했을까?
남북통일 못 이루어 통탄했을까?
두 위인은 사라지고 자취만 남아
만시지탄 평화통일 소원해 본다

놋대야 속의 달을 보며
– 한유에서 보름밤에

바깥은 보름밤 달빛이 대낮같이 밝은데, 호롱불을 켜고
늦게까지 공부를 하다가 너무나 졸려 밖에 나가 잠을
깨려고 놋대야에 찬 샘물 떠와서, 세수를 하고자 얼굴을
드민 찰나 눈에 들어온 물속의 작은 달

둥근 빛이 얼비치듯 잠긴 걸 발견하고 깜짝 놀란 나머지
이게 무얼까 밤하늘의 달이 여기에 잠시 잠긴 건지 아닌지
동그란 대야 물속에 달그림자를 드리웠는지 침을 꿀컥꿀컥
삼키는 내 목울대의 긴장감

신기한 순간 포착을 또다시 확인코자 눈 씻고 들여다보았던
한유閑有 우리 집 널따란 안마당, 70여 년을 건너뛴
지금에야 내 추억 한 조각으로 되살려내, 여기 시로 쓰니
동화 속으로 들어온 양 감개가 무량하다

모진 타향살이 그 아픔을 어찌어찌 다 견디었을까나,
생각마다 그 위에 보고 품을 쌓고, 부모 형제 자매 친척
친구 이웃들을 몹시 그리워하는 마음 감당하기가 새삼
눈물겨워 애달프구나

통일을 염원하며

새들도 먹이와 안식처 찾아
철책선이 대수냐고 아랑곳없이
천리 길도 앞서거니 뒤서거니
빨리 따라오라고 따라간다고

금강산 맑은 물도 동쪽 바다로
설악산 계곡물도 동쪽 바다로
두 줄기 흐른 물이 하나되어
푸른 물결 바닷물과 합류하니

바다에 서식하는 수많은 어류도
한류와 난류따라 남북을 오가며
동해 푸른 바다 어장이 좁다는 듯
마음껏 활동하니 참으로 좋구나

만물의 영장이라 뽐내는 인간도
자연이 주는 참뜻을 배우고 느껴
한민족의 숙원인 조국통일 이루어
이 땅에도 평화가 깃들길 소원한다

생명이 숨 쉬는 바다

* 바다는 육지의 영하 90도~영상 70도까지의 온도와 해양의 영하 2도~영상 30도의 온도차를 조절하고 온실가스를 흡수하여 기후변화를 완화시켜 지구의 기온을 조절하는 역할을 한다

* 바다는 육지에서 밀려오는 퇴적물과 오수와 폐수 등의 모두를 수용하여 식물성 플랑크톤으로 하여금 이산화탄소를 흡수하고 산소를 생성하는 정화작용을 한다

* 바다는 플랑크톤과 미생물을 해양의 대부분 생명체들에게 핵심적 식량원으로 공급하여 수생동식물들의 먹이사슬 역할을 한다

* 바다는 생명의 다양성으로 3만여 종의 어류와 수생식물 및 갑각류와 포유류가 서식할 수 있는 환경을 조성하여 약육강식으로 생존과 증식의 조화를 이루며 인류의 단백질 공급원과 식량자원의 보고寶庫이다

* 바닷물은 햇볕을 받아 수증기로 증발하는 과정에서 구름층을 형성하여 비를 내리게 하여 물을 공급한다

※ 바닷물은 태양과 달과 지구의 인력으로 밀물과 썰물의 대류를 형성하고 일정한 염분 농도를 유지하여 오랜 세월이 흘러도 썩지 않도록 자연적 조화를 이룬다

※ 바다는 펭귄, 페리카나, 갈매기 등 조류의 생활의 터전이고 해양 선박들의 어로활동 및 교통수단의 항로이기도 하여 화물의 운송이 용이토록 인류와 밀접한 관계를 형성하는 중요한 역할을 함으로써 "바다는 생명의 보루(堡壘)다"라고도 할 수 있다

길은 걸으면 통한다

길은 목적지를 향해 사람이 다니는 길과
인생의 삶을 위해 설계하고 지향하는
인생길의 두 갈래 길이 존재한다

인간은 평생 길 위에서 삶의 방법을 찾기
위해 서성이며 사방팔방으로 통하는
길 속에서 나만의 길을 택해 걷고 있다

인생길은 결국 방향과 속도의 문제로
생명의 보존과 삶의 가치를 위해 존재하고
인생은 그 길을 쉼 없이 걷는다

사람들은 고통을 겪을 때면
길을 잘못 찾아 들었다고 탓하는 대신
사방이 길이므로 생각을 바꾸려는 노력이 필요하다

길이 없으면 발전 가능한 생각으로 황무지라도
개척하고 다니다 보면 오솔길도 넓어지고
평탄하고 편한 길이 형성될 수 있다

물처럼 막히면 돌아갈 줄 아는 지혜와

바위도 뚫는 끈기와 인내로서 인생길을
타개해 나간다면 성공의 길로 통하리라

삶에 걸맞은 감사

사람 사람아 동행하며 사는 사람아
성화成火 욕심은 부리지 말고
스스로 있고 저절로 이루어지는 삶에
순응 순화順和해 참따랗게 살자

덥다고 여름을 피할 수 있더냐
가물다고 애끓어서 비가 오더냐
사나운 폭풍우를 어찌 막겠느냐
춥다고 겨울을 그냥 건너뛰겠느냐

성깔대로 짜증 내면 마음이 상하고
얼굴과 몸이 쇠하여 기운이 없다
한탄도 하지 말지니 다 지나가는 것
미리 걱정 말고 당해서 정작 슬기롭자

봄이 오면 따뜻하게 만물이 소생하듯
여름이면 당연하게 무더워서 무성하듯
가을답게 곡식 과실 알알이 튼실하듯이
겨울은 혹한일수록 한 해가 풍년 들더라

안달복달하기보다 삶에 걸맞은 건 감사다

넋두리 한판

모든 어제를 추억하고 모든 오늘을 감사하며
모든 내일을 희망하며 살았고 살고 살아가는 거다

어느 땐 황토밭 맨발 길을 때로는 가시밭 사잇길을
가끔은 아스팔트 탄탄 길을 질곡* 찬 험한 길도 걸었다

기뻐서 슬퍼서 아파서 벅차서 반듯이 어지러이 허둥지둥
걷고 달리고 갈팡질팡, 알뜰살뜰 또 힘에 부쳐 애달팠다

어느덧 너도 나도 모르게 팔십 고개를 넘은 지 오래구나
구순*을 앞두고 목숨줄이 코앞이라 수시로 병원을 오가는데

마지막 인생길 돌아보니 한결같은 아내와 애중한 아들딸과
며느리 사위와 손자 손녀들 합이 열둘이라 외롭지 않구나

* 질곡桎梏: 발에 수갑을 채우는 것.
* 구순九旬: 나이 구십.

마음

마음은 내 몸속에 잠든 것
나 자신이 줄 수는 있지만
빼앗을 수는 없는 것이다

생각이 있는 곳에 뜻이 가고
뜻이 가는 곳에 마음이 열리듯
생각과 뜻과 마음은 상통한다

주어진 환경과 때에 따라
문제의 성질과 생각에 따라
수시로 변하는 것이 마음이다

영원할 것 같은 부부나 동지가
성격 차이로 이혼하고 작별함도
마음이 때때로 변하기 때문이다

변함없는 마음을 얻기 위해서는
상호 간에 사랑과 이해와 인내로
믿음과 배려와 통정함이 우선이다

삶도 생각따라

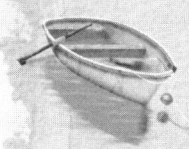

생각은 생각할수록 깊어간다
인생은 생각에 따라 삶이 바뀌고
삶에 따라 생각도 변화함으로써
인생 삶의 길은 생각이 가른다

할 수 있다는 긍정적 생각일 때는
발전적 성공의 길을 걸을 수 있으나
안 된다는 부정적 생각에서는 마음도
뒤따라서 실패의 길을 걷게 된다

생각과 삶은 불가분의 상관관계라
인생에 가장 중요한 결정적 요체로
어떠한 생각으로 어떠한 삶의 길을
택하느냐에 따라 운명도 좌우된다

즐겁고 행복한 삶을 살기 위해서는
심사숙고 생각함이 절대적 요소로
여생을 미래지향적 결정으로 건전한
유종의 미를 거둘 수 있기를 원한다

6부 ● 강물보다 바람이어라

열두 가지 촛불 혁명

* 나는 국가와 국민의 미래를 위하여
  촛불을 들었다
* 나는 국정농단 무리를 축출하려고
  촛불을 들었다
* 나는 부정부패를 말끔히 청산하고자
  촛불을 들었다
* 나는 정경유착의 고릴 반드시 끊으려
  촛불을 들었다
* 나는 권위주의 시대를 완전 타파코자
  촛불을 들었다
* 나는 불신과 퇴폐를 확실히 척결하려고
  촛불을 들었다
* 나는 진리와 정의와 진실을 추구하고자
  촛불을 들었다
* 나는 자주와 민주와 평등을 구현하자고
  촛불을 들었다
* 나는 자유와 평화와 통일을 성취하려고
  촛불을 들었다
* 나는 개개인의 꿈과 희망이 성공하도록
  촛불을 들었다

* 나는 우리의 사랑과 용서와 화해를 위해
  촛불을 들었다
* 나는 예수님의 은총으로 지상천국을 위해
  촛불을 들었다

늙어서야 시인이 되다

 나이 들면서부터 나는 나의 일을 찾아 했다. 무슨 일을 할까 생각하던 중에 아버지가 한시를 지어 읊기도 하고, 손수 글씨를 써 여덟 폭 병풍을 만들던 아주 어릴 적 일이 떠올랐다. 글쓰기를 마음에 두고 짧은 시 짓길 시작했고 어느새 사오백 편

 처음 한두 편이 몹시 설익은 작품들이었다. 읽어 보니 하룻강아지 범 무서운 줄도 모르고 엉뚱한 욕심을 부린 짓거리라 탓했다. 자조自嘲했다. 허나 편편이 쌓일수록 내 갸륵함이 결국 아버지께 이어받은 신기한 달란트임이 확증됐다. 좋아하는 나의 나

 방금 한 일이나 내 생각을 자주 잊어버리는 건망이 심해지자, 나이 탓만이라 치부할 수 없자, 치매의 초입인가 하는 두려움이 야기惹起되자, 잔잔한 공포증에 잠길 무렵부터 더욱 열렬히, 칼럼도 긴 자서전까지 집필하면서 가장 내게 안성맞춤인 나의 장르를 선택하기로 했다. 긴 글을 쓰기에는 한계에 늘 부딪치는 늙은 기력

 한때는 명석하다는 평을 들은 바 있는 나이기에 이제라도 분발하면 할 수 있지 않을까 대학 국문과에 진학해 저명한 시인이 된 고등학교 동창과 나도 모르게 카카오톡으로 시를 주고

받고 있었다. 그 친구의 작품을 받으면 나도 답시答詩를 보내는 교류가 수년여, 벗의 시를 읽으면서 가르침을 받아 분발하기로 작심 작심!

   열중하니 두렵지 않다, 나날이 다달이 시인으로 성장 그리고 등단!! 이제 두툼한 시집을 출간할 날을 기약하고 달리리라

늙음도 자신이 감당할 몫

나이 드니 두뇌마저 늙어
방금 생각하고는 망각하고
다시금 생각해 놓고 잊어버리고
제아무리 생각해도 개미 쳇바퀴

왜 이러나 스스로 자학도 한다
자학한다고 고쳐질 것 같으면
걱정할 필요도 없고 병원 가서
의사 신세 지지 않아 좋으련만

이러지 말자 스스로 다짐해도
또다시 반복되는 행동 자체를
누구라서 해결할 수가 있을까
나 자신을 감당하며 살 수밖에

사람들아 우습다고 핀잔마라
한때는 명석하기도 했었는데
인간이라 세월따라 늙어가니
정신마저 오락가락하더이다

평생의 친구여

유년 적부터 친구여
만나면 반갑고 자주 보니 즐거웠다
함께 어울리면 헤어지기 싫은 한 동네
그 동심의 추억은 노상 아이로 회귀케 한다
소년과 청년 때 친구여
소년들의 희망은 미래로 연결되고
청년들의 나눔은 내 것 네 것 없는 혼용
동경의 터전에 세워질 발전은 진보다
장년이 되면서 친구여
약진할수록 정과 사유思惟가 통하고
넘치고 의롭고 허물없는 진심이 깊숙하다
가족들까지 미래지향적으로 어울리는 붕우였다
노년에 이른 친구여
각자의 생활 여건이 달라 멀리 떨어져
아니 헤어져 살수록 아득해 안녕만 비는 사이
어쩌다 만나면 악수하는 손힘이 약해 허전하더라
더 늙을수록 친구여
허전해 외롭고 섭섭함이 자꾸 쌓이는데
이승을 먼저 떠난 이, 몸이 아파 거동이 불편한 이,
다시 만나기 힘든 채 안녕하며 내미는 손이 떨린다

실제로 후일을 기약할 수 없이 헤어지니 몹시 안타깝다

그리움은 무지개처럼

잔영殘影은 머릿속에서
반짝거리는 별빛같이 살아 있다
문득문득 추억으로 떠올라
나를 안타까이 흔드는 혼미*다
만날 수도 볼 수도 없어 애를 태운다

화향花香은 십리를 날아오고
인향人香은 백리 만리도 오간다
향긋한 내음을 주고받고 싶으면
담아 올 수도 보내 줄 수도 있지만
소유할 수 없어 몹시 아쉬움만 쌓이누나

소원을 이루지 못해서
한 많은 미련으로 가슴에 깔렸다
간절한 안타까움이 살아갈수록 남지만
마치 밤하늘의 유성처럼 흐르고
비 그친 뒤 일곱 빛깔 무지개처럼 그립다

* 혼미昏迷 : 정신이 헛갈리고 흐리멍텅함. 정세 따위가 불안정한 상태.

번뇌 속에 묻혀

해가 뜨고 지니 밤과 낮이 쉼 없이 지샌다
봄 여름 가을 겨울 사철도 시샘해 오고 간다
우주의 운행이 세월로 돌고 돌아 끊임없다

내가 그 속에서 살았고 살고 살아갈 참이니
세세년년世世年年 주야장천晝夜長川이다
인생이 유한하여 속절없음을 누군들 모르랴

탄식한들 무엇하며 원망한들 할 수 없는 일
아쉬움에 안타깝고 하염없음을 모르겠느냐
스스로를 미워하고 원망하고 한탄할 뿐이다

생각건대 번뇌를 자신이 만들어 하는 느낌
어차피 살면서 자연에 순응하고 적응하면서
상호 간에 사랑하고 베풀며 즐겁게 살자구나

연잎의 지혜

구정물 속에서 싹터서 자라는
연잎도 감당할 만한 빗방울만큼
싣고 그 이상은 미련 없이 버린다

비우면 비운 만큼 또다시 채워지지만
버리지 않고 욕심을 부려
담다 보면 줄기째 꺾여 망친다

순결과 자비로움을 상징하는
불교의 연화좌*를 기초로 다지듯
나눔과 베풂을 조화롭게 비우고

과유불급*을 실천하는 연잎의
지혜를 본받아 탐욕을 저버리는
아름다운 연꽃의 향기를 피우자

* 연화좌蓮華座 : 연꽃 모양을 수놓은 좌대.
* 과유불급過猶不及 : 지나침은 부족함만 못하다.

노인의 소회所懷

허무한 노년 인생
어떻게 살아가야
후회 없는 삶이 될까?
알길 없는 막막한 길

세월의 흐름 따라
인생도 흘러가고
육신은 늙어 가도
마음은 청춘 그대론데

노인이라 멸시함은
죽기보다 더하구나
나도 가고 너도 가니
원망해서 무엇하랴만

살아갈 날이 살아온
날보다 너무나 짧기에
마음속에 소회를 묻고
감사한 삶으로 살으리라

강물보다 바람이어라

강물보다 바람이면 참 좋겠다
강물은 항상 낮게 낮게 흘러가지만
바람은 물살 위에서 강변의 숲으로
보다 더 빨리 높이높이 날아오르고
땅 위나 하늘 끝까지도 비상할 수 있다

높은가 하면 낮고 낮은가 하면 높은 조화
자유롭게 여러 가지로 변화무쌍하니까
아침이면 떠오르는 햇살과 함께 눈부시고
저녁이면 노을같이 뉘엿뉘엿하는 바람
밤엔 반짝이는 별들 속에 잠들기도 하는

여러 가지 바람 짓 속에서 살고팠다
머리칼을 날리며 보람찬 꿈을 얘기하고
사랑하며 눈빛만 봐도 통하는 사람들과
오래도록 뜻깊은 값진 추억을 쌓으며
자유롭게 오가는 바람과 동행하고 싶다

무념無念
– 잡초 같은 시를 쓰면서

은퇴한 뒤 길가에 퍼질러진
잡초 같은 시를 쓴다
아무도 읽지 않아 널브러져 있다

생각에 녹이 슬어버릴까 봐
사려思慮를 애써 간추려
글로 담는 일상 작업이 나름 즐겁다

아무런 감정도 생각도 없이
수를 놓던 옛날 어머니처럼
무욕일까 입안에 맴도는 혼잣말일까

마지막 잘 살기

일생을 열렬히 살고 늙어 한가로우니까
하루를 열심히 일하고 노을을 맞음 같다

봄여름 들판보다 가을 들녘이 실實한 것은
온갖 곡식과 백 가지 과일이 익기 때문이다

돈 벌기 위해 아등바등하지 않고 있는 그대로
넉넉지는 않지만 아끼며 사는 검소함이 편하다

빼앗기지 않고 뺏으려고 수단을 부리지 않아도
비운 마음으로 사노라니 세상사 느긋해 좋다

황혼에다가 종착역이 가까워짐을 스스로 알자
사랑하고 너그럽게 마치려니 마음이 흐뭇하다

황혼의 인생

새벽이 지나면 붉은 해는 떠올라 하루를 열고
노을 지면 어두운 밤하늘 별이 뜨고 지는 나날들
어영부영 젊은 시절 보내고 벌써 황혼의 문턱이다

한 번 왔다 가는 인생 보람있게 살아 보자고
성공해 보겠다고 심혈을 기울여 노력도 했건만
삶은 언제나 그때 그 자리만 빙글빙글 맴돌 뿐

종착역이 아스라이 보일 듯한 때늦은 지금이라도
시작이 반이라고 꾸준히 도전하고 열심히 노력하면
반드시 성공의 서광으로 보상이 있으려니

하루 중 황혼의 노을이 가장 아름답게 펼치듯
황혼의 인생도 즐겁게 열심히 노력하고 일하면
풍요롭고 보람되고 즐거운 여생이 보장되리라

등정登頂을 위한 협력

오르면 오를수록 숲 향기에 젖고
깊숙이 들어갈수록 솔 냄새에 취하니
산은 바람을 통해 콧속을 즐겁게 한다

햇볕에 신바람 난 이파리들 꽃송이들
사이사이에는 멧새들 청아한 우짖음의
높고 낮고 길고 짧은 소리 가락이 흥겹다

울창한 숲에 들면 가지와 잎새의 창창함에
빛이 비집고 드는 광량이 촘촘하고 산뜻해
싱그러운 피톤치드가 모든 생명체를 힐링한다

가장 높은 산정山頂에 오르자고 정복하자고
심신을 발양*하자고 갖은 애를 다 쓰자고
등정의 순간까지 당기고 미는 협력을 기울이자고

* 발양發揚 : 마음, 재주, 기세 따위를 떨쳐 일으킴.

아름다운 생각을 할 때

우리 마음은 생각의 온상이다
기쁨은 기쁨을 솟아나게 하여
기뻐하면 웃음도 저절로 나고
슬픔은 슬픔 속에 잠기게 하여
슬퍼한 일들만 줄줄이 일어난다

상상을 초월하는 공상의 나래를 펴면
긍정의 엔돌핀이 생성되어 무궁무진하고
부정적 번뇌에 파묻혀 스트레스 받으면
심리적 불안과 긴장감으로 불면 우울증에
빠져 건강을 잃고 끝내 실패를 자초한다

영원히 살 수 없는 숙명적 운명으로
태어나서 희망적이고 정열적 자세로
최선을 다하며 참사랑으로 주고받아
슬픔은 기쁘게, 아픔은 눈 녹듯 치유되는
삶으로 순전해서* 순탄하게* 승천하리라

* 순전純수하다 : 순수하고 완전하다.
* 순탄順坦하다 : 길이 험하지 않고 평탄하다. 삶 따위가 아무 탈 없이 순조롭다.

탄생의 축복

누구라고 불러 주리까
무엇이라 이름 지어 주리까

두 주먹 쥐고 세상에 태어나
축복이 넘치고 행복이 솟는 날
밝고 맑은 햇볕 따뜻해 좋고
눈비가 내린다 하여도 좋아요

하늘이 주신 귀한 한 생명
큰 꿈과 희망을 품고 자라나
새로운 길 개척하고 개통하여
한평생 대도무문을 걸어가요

어떤 고난과 풍파가 몰려와도
굳센 의지로 거침없이 헤치고
어둠이 닥친다 해도 좌절 말고
인내와 불굴의 정신으로 정진해요

석양의 황혼에도 아랑곳하지 말고
정열을 다하여 노력하고 성공하여
만인의 칭송 속에 한세월을 누비며
건강하고 행복한 삶 멋지게 살아요

자연이 속삭이는 삶

태양은 밝고 따뜻하게 살라 하고
별은 별빛처럼 빛내며 살라 하고
하늘은 높게 우러러보며 살라 하네

구름은 비우고 한가로이 살라 하고
세월은 흐름따라 소신껏 살라 하고
바람은 막지 말고 자유롭게 살라 하네

물은 낮추며 겸손하게 살라 하고
땅은 생명처럼 가꾸며 살라 하고
돌은 황금도 돌같이 보며 살라 하네

산은 대망을 꿈꾸며 힘차게 살라 하고
바다는 포용하고 정화하며 살라 하고
자연은 순리 따라 순응하며 살라 하네

빗자루와 걸레

남산 위에 해와 달 뜨고
한강물 유유히 흘러내려
금수강산 이룩한 우리 조국
쓰레기는 치워야 깨끗하고
악취는 닦아내야 없어진다

가슴속 깊이 붉게 물든 위선자들
탐욕으로 국민을 우롱한 배신자들
썩은 악취 환경 오염되기 전에
금수강산 우리나라 병들기 앞서
방방곡곡 더럽히는 쓰레기 오물
빗자루로 쓸어내고 걸레로 닦아

참신하고 훌륭한 지도자로 하여금
자자손손 노래하고 춤출 수 있게
살기 좋은 국가로 성장, 발전시켜
정의롭고 평화로운 사회를 건설하자

마음을 내려놓자

바람이 오는 곳을 아는가
구름이 가는 곳을 아는가
알 길 없이 오가는 바람과 구름

구름도 바람도 흘러가고
강물도 시간도 흘러가고
마음도 정신도 흘러만 간다

날과 달과 해도 가니 세월인가요
너도 나도 모두 가니 운명인가요
세월따라 운명따라 순리대로 사세

조물주도 가는 세월 잡지 못하더라
내일보다는 다시 오지 않는 오늘을
사랑하며 즐거운 인생으로 행복하세

인연

사람은 소매 끝만 스쳐도 인연이 되고
우연이라도 관심이 쌓이면 인연이 된다
인연에 정성이 깃들면 필연이 성립되고
정이 싹터 자주 소통하면 추억이 깃들어

이름이 먼저 떠오르면 잊지 못할 사람,
얼굴이 먼저 떠오르면 보고 싶은 사람,
눈을 감아도 떠오르면 그리운 사람,
눈을 뜨고도 생각나면 슬픔 준 사람이다

온갖 사연들로 아쉬움 속에 살기도 하고
맺은 인연으로 행복을 쌓고 살기도 한다
외로움은 누구나가 채워줄 수 있지만
그리움은 본인이 아니면 채울 수가 없다

진정 소중한 사람이라면 항상 챙겨주고,
배려해 주고, 따뜻하게 대해 주며 살다 보면
흘러간 세월 속에서도 진실한 인연으로
항상 마음속에 자리하여 영원할 것이다

도전

청운의 꿈을 향해
푸른 창파滄波를 건넜다

황무지를 개척하여
씨앗 뿌려 가꾸기도 하였다

비상하여 꿈을 펼칠 때
날개의 상처로 좌절도 했다

각고의 노력과 인내로
재기를 소망하고 도전을 꿈꾼다

꿈은 꾸는 자의 몫이고
성공은 성취자의 길이다

어둠을 뚫고 여명이 떠오르듯
성공과 영광이 내 눈앞에 있으리라

7부 ● 세월은 탓하지 않는다

세월은 탓하지 않는다

형체도 그림자도 없어
찾을 길마저도 막연하여
붙잡을 수 없는 것이 세월

돌고 도는 세상 흐름따라
어느 누구 하나 탓한 바 없이
순리에 따라 흘러갈 뿐인데

부도덕하고 파렴치한 인간들은
탐욕과 권세와 불의에 물들어
백성을 도탄에 빠뜨리며 남 탓한다

쌓은 죄만큼 후회도 쌓일진대
천명을 아는 자 하늘 원망 않듯
자신을 알면 남 탓은 못 하리라

흘리는 눈물

고조된 감정 상태나 환경의
변화에 따라 눈물샘을 통해
흐르는 생리적 현상인 눈물

기쁠 때 나오는 감사의 눈물
슬플 때 나오는 애통의 눈물
아플 때 나오는 고통의 눈물
후회 때 나오는 참회의 눈물

사랑할 때 나오는 연민의 눈물
이별할 때 나오는 석별의 눈물
외로울 때 나오는 고독의 눈물
원통할 때 나오는 통한의 눈물

삶을 통하여 흘려본 눈물들이기에
아픔과 슬픔이 아닌 기쁨과 행복한
감사의 눈물만이 내리길 소원한다

즐겁게 사세

기왕지사 늙었으나
무위도식하지 말고
운동이나 열심 하세

걱정이 병고이고
웃음이 보약이니
신나게 웃고 사세

황혼길에 뭐가 있나
세상살이 한탄치 말고
즐거움이 으뜸 삶일세

친구 만나 정을 쌓고
차茶 마시고 담소하며
즐기며 신명나게 사세나

미처 몰랐었네

부모님 슬하에서
아양 떨며 살던 때가
행복인 걸 미처 몰랐네

보릿고개 굶주리며
뛰어놀던 그 시절이
추억인 걸 미처 몰랐네

학교 종이 땡땡 치는
소년 시절 그 한때가
희망인 걸 미처 몰랐네

친구들과 차 마시며
웃고 지낸 그 순간이
기쁨인 걸 미처 몰랐네

풍요로운 세상이
인생 삶의 행복이고
보람인 걸 미처 몰랐네

그대 그리워

벚꽃이 만발한 따뜻한 봄날
그대 보고 싶은 마음 간절하여
오늘이 생애 가장 젊은 날이라고
더 늦기 전에 한번 만나자 했었지

진달래꽃 지고 장미꽃이 필 때
고독에 휩싸인 심정 달래고파
보고픈 마음 하나만으로 다시금
기약 없이 그대 향해 달려만 간다

오색빛 무지개다리 놓을 수 있는
보일 듯한 지근거리라서 생각나면
하루에도 몇 번씩이라도 만나련만
왠지 지금껏 숨바꼭질만 하는구나

그대는 맑은 하늘 중천에 뜬 태양
눈이 부시도록 포근한 햇살 비칠 때
나는 노랗고 둥근 해바라기꽃 되어
마냥 밝고 예쁜 미소로 바라기 한다

젊음과 늙음의 사이

태어나 자라며 젊고 늙어짐은
인간의 생태적 본능이라 어쩔 수 없다
지나간 어제는 추억으로 넘기고
오늘은 정열을 불태우며 힘껏 살고
내일은 열망하며 희망으로 맞는다

젊어선 꽃병과 꽃나무 좋은 옷이 쌓이고
소풍 가고 여행하고 일하기에 쫓기었는데
늙어서는 심신이 병들어 약병만 쌓이고
집 안 통수에 겨우 동네 나들이가 고작이라
앞으로 생애는 뭣으로 소일하고 살아갈까

남은 삶은 꽃병과 약병 사이를 뛰어넘어
여행과 칩거를 아울러 고독의 굴레를 벗고
친구 만나 식사하고 차 마시고 수다 떨며
웃고 즐기면서 내 나름대로 행복하리라

감사는 1·2·3·4

감사는
멀리 있는 게 아니다
때와 곳이 따로 없다
세월 따라서 오가는 것도 아니다
마음에서 움돋고 싹트는 본디이다

감사는
주어진 조건에 따른 것도 아니다
만들어 가는 과정이 필요치 않다
감사를 되뇌면 행운이 빨리 오고
불평불만을 거듭하면 불행에 휘몰린다

감사는
소유의 많고 적음에 있지 아니하고
생각과 의지를 터전으로 자라나며
부족해도 고마워하면 더 주어지고
풍족한데 과욕을 부리면 비운이 닥친다

감사는
베푸는 사람의 크나큰 넉넉함이고
자애심은 하늘을 감동시키는 덕성이며

고마워하는 만큼 온유해져 대대로 잇고
그 유업遺業이 하늘에 쌓이고 쌓인다

허무 앞에 서서

강물은 지상에서 바다로 흐른다
저기 강물처럼 나도야 흘러 흘러
여기로 왔으니 남을 탓하지 마세
세월을 따라 떠도는 인생살이가
세월 밖으로 홀연히 떠나는 것을
애석해하지 마세나 비관도 말고

하늘의 구름인 양 수시로 변하는
삶을 고달파 말고 속상하지 마세나
생겼다가 사라지는 뜬구름이로세
바람이 자주 부네 비바람 눈바람
어디서 왔다가 어느새 사라지듯이
날아가나니 욕심부리지 말고 사세

모닥불 연기처럼 굴뚝의 연기같이
하늘로 날아올라 공기와 섞이듯이
겁먹은 양 홀현홀몰*일세
한 줌 흙으로 아니 뼛가루로 변할
자기 자신을 학대하지 마세 화장해
납골했다가 산골* 하는 것이 회귀로세

단명커나 장수커나 모두 운명이지만
"짐은 무겁고 갈 길은 멀다"* 했나니
후회찮도록 깨우쳐 자중자애*하세나.

* 홀현홀몰忽顯忽沒 : 　　　　문득 나타났다 홀연히 사라짐.
* 산골散骨 : 　　　　　　　　화장해 가루로 뺀 뼈를 땅에 뿌리거나 물에 흘려보냄.
* 짐은 무겁고 갈 길은 멀다 : 임중도원任重道遠.
* 자중자애自重自愛 : 　　　　말이나 행동, 몸가짐 따위를 삼가 신중하게 함.

언제쯤 편히 만날까

봄바람에
신록은 싹이 터 푸르러
산새도 오가며 지저귀고

산과 들에
예쁜 꽃도 피어나서
벌 나비도 오고 가는데

부모 자식 간에
지척에 살면서도
따뜻한 봄은 왔건만
봄 오는 줄도 모르는 듯

만나보고 싶은
생각은 굴뚝같으나
안타깝고 비참하게도
코로나19가 훼방을 하니

언제쯤이나
잃었던 일상을 되찾아
만남의 기쁨과 즐거움을
만끽하며 살아 볼 거나

외로운 노년의 길

일생을 열어가는 인생길은
삶의 파도를 넘나드는 여로旅路

젊어지고 곱게 늙어 감은
살아 숨 쉬는 인생의 연륜

노년은 세월에 떠밀려
파도처럼 요동치는 숙명의 길

늙어 보지 않고서는
알 수 없는 굴곡진 험난한 길

흰머리 잡티에 주름진 얼굴은
세파에 시달린 세월의 훈장이다

꼴불견이라 조소嘲笑하지 마라
살다 보면 누구나가 겪어야 할 일

안개처럼 사라질 노년 인생
오늘에 감사하며 즐겁게 살리라

이태원 참사

국화꽃 향기 스치며 지나가는
10월 29일 밤의 절규
청운의 꿈과 희망으로 가득 찬
청순한 꽃봉오리들의 희생

노 마스크에 '헬러윈' 축제라서
흥미로움에 이끌려 찾아간 곳
비좁은 이태원 골목길, 159명의
비참한 압사壓死가 부른 참사

무질서와 안전 불감증이 자아낸
걷다가 순식간에 당한 운명殞命
정든 사람 두고 불귀의 저승길로
피안彼岸의 언덕을 넘을 줄이야

아! 애통하고 안타깝도다
순진무구*한 젊은 영령英靈이여
이승에서 못다 한 한恨 다 푸시고
고이고이 평안히 영면永眠하소서

불의에 유명幽明을 달리한 청춘

막지 못해 죄스럽고 참담한 심정은
애도조차 부끄러워 통곡한다
결코 억울한 넋은 헛되지 않으리라

* 순진무구純眞無垢: 티 없이 순진함.

무상無常

핀잔을 받으며 비웃음을 살지라도
치매에 걸려 가족의 짐이 될 수는 없다

두서는 없지만 열심히 옛 시절을 더듬으며
힘겹게 낙서 같은 자서전을 마무리하였다

써 나가면서 느낀 세상살이가 덧없음을 새삼
새록새록 깨달을수록 세월은 왜 그리 빠른가

노쇠하여감에 건강상태는 악화일로*로 치닫고
갈 곳은 두렵고 달갑지 않는 병원과 약국이다

점점 늘어나는 병환이 무상하지만은 않기를
뜻밖의 사태에 신속 대응할 비상약은 늘 챙긴다

* 악화일로惡化一路: 상태, 성질, 관계 따위가 자꾸 나쁘게 되어 감.

절호絶好의 보슬비

봄을 재촉하는 비가 내린다
정겹게 다습게 소리를 죽이고
엄마 품에서 고이 잠든 아기를
깨울까 봐 조용조용 조심조심

겨울에 속속들이 박힌 한기를
가만가만히 촉촉하게 녹여내고
곧장 바뀔 연록의 숲과 들에는
빨간 꽃봉오리와 각각의 꽃빛들

가랑비야 가랑가랑 더 내리거라
땅 냄새 바람 내음 꽃과 풀 향기
추억이 살아나 사랑을 일깨우듯이
메말라 있는 나의 마음에도 단비로

하루 종일토록 보슬보슬 보슬비야
갈한 걸 다 적셔 만물을 생동시켜라
비 그치면 봄맞이꾼들을 다 불러내자
올해의 봄은 일생 한 번뿐인 절호*이다

* 절호絶好 : 무엇을 하기에 기회나 시기 따위가 더할 수 없이 좋음.

대청호 둘레길 벚꽃을 보며

따스한 봄이 겨우내 낙엽 진 삭막한 산을
연녹색으로 생동감있게 채색하여 물들이고
푸른 소나무 사이로 점점이 하얀 벚꽃의 운치

눈부신 햇살이 대청호 맑고 푸른 물에 앉아
잔잔하게 이글거리며 반짝이는 영롱한 물결들
상쾌한 맑은 공기는 오랜 찌든 가슴을 달래주고

굽이굽이 돌아가는 호수의 둘레 길에 펼쳐진
도로의 양편에 큰 아름드리 벚나무가 자아낸
하얗게 활짝 핀 꽃의 터널 속을 달리는 차량 행렬

상춘객은 하차해 화려함을 즐기며 사진 속에 담고
은은한 꽃 향은 몸과 마음을 치유해 미소로 환호하며
봄이 주는 선물에 감동하고 자연의 혜택에 감탄한다

무지개 잔영殘影

소낙비가 저 하늘 아래
산마루에서 들판을 강을
깨끗이 쓸고 씻고 있구나

햇빛 쏟아지는 정오 이후
말끔한 지상 위 높은 하늘
일곱 빛깔 찬란한 무지개

눈이 부시게 호강할 즈음
무지개는 홀연히 사라지고
오래도록 잔영만 살아 있다

노옹老翁아 이러하자

해 질 무렵의 저녁놀은 밝은 하루의
마지막을 알리는 심미주의審美主義다
어스름한 빛발과 불그스름한 노을의
어울림은 노인들의 늙수그레한 맘이다

청소년의 때는 창일*하는 일출 같고
새 아침 햇살을 한껏 머금고 피는 꽃송이 같았다
출세해 높은 자리에 오를 수 있다는 자신만만함과
돈을 벌기로 하면 추수하듯이 곡간을 채울 듯했고
일생을 맘껏 힘껏 부지런히 일하면 못 할 것 없었다

수단 방법을 다 해도 이룬 건 세 끼 먹고 자식 키우고
노년을 아쉽지 않게 살 정도만 남았나니 마치 가을날
단풍처럼 떨어져 바람에 날리다가 밟힐 일만 남았구나
어느새 팔십을 넘고 보니 마음을 비우며 살자고 달랜다
아쉬움도 안타까움도 조바심도 버리니 심간心肝 편하다

아등바등하잖고 바랄 눈높이도 낮추고 욕심 비우니
아쉬움 안타까움 없어 좋고 오갈 데 홀가분해 신난다
안 아픈 데가 없이 여기저기 병증이 가지가지다
종착역이 바로 예구나 인간 항다반사* 베풀자 사랑하자

* 창일漲溢 :　　　1. 물이 불어 넘침.
　　　　　　　　2. 의욕 따위가 왕성하게 일어남.
* 항다반사恒茶飯事 : 예사로운 일, 일상 있는 일.

한 잔의 커피

몸과 마음이 쓸쓸한 겨울
간만에 다정한 친구들 만나
웃고 즐기는 커피는 행복이다

향긋하게 피어오른 커피 향
마음속 흉금을 달래주는 기쁨
역시 친구는 보약 같은 존재다

황혼이 물드는 인생길에
스쳐가는 젊은 날의 꿈은
가슴속에 남아있는 잔상이다

아쉬운 추억과 회한일랑
찻잔 속에 녹여 음미하고
빈 잔의 의미도 새겨 본다

노년의 골진 얼굴

노년의 주름진 얼굴은
삶의 생사고락과 희로애락의
발자취이고 실상의 역사이다

골진 얼굴과 흰머리는
험난한 인생길을 걸어온 삶의
실체의 그림자이고 자화상이다

노년의 마지막 모습은
한평생 살아온 삶의 흔적이고
내면에 담긴 표징表徵이고 거울이다

인생길 삶의 표상表裳은
마음이 편해야 온몸도 편하여
얼굴에 나타나 환하게 밝아진다

고목에 핀 벚꽃

고사목枯死木 한 그루가
불국사 경내에서 봄맞이를 한다

밑동은 듬직하게 아름찼지만
튼실한 가지 잔가지 곁가지가
시원찮아 꽃이 필 것 같지 않았다

그 벚나무에 봄볕이 내리쬐이고
봄비가 촉촉이 봄바람은 산들산들
못 견뎌 솟친 연분홍 꽃망울과 벚꽃들

세세연년 봄마다 그랬듯이
눈부시게 화사한 벚꽃을 순차로 피워
참 모습 되살려주신 부처님께 합장

언제인지 늙어 사라질지라도
할 수 있을 때까지 제구실하는구나
생명이 있는 한 그리할 오, 벚나무여

다시금 튼실하게 소생하라고 빌며
그대 손 잡고 벚꽃 놀이를 하세나

나의 마지막 갈망

8부 • 당신을 사랑합니다

꿈과 희망을 가지고 한세상 살았다
최선의 경주를 마친 심정에는
정녕코 나름의 후회가 없는 값진 삶이었다

생존의 소용돌이에서 휘감겨 돌았다
내 가정 가족의 명운命運이 걸린 일터에서
또 이곳저곳 이사를 하는 고역의 연속에서도

나름 잘 견뎠고 일가족 안일과 행복이
사회 중위권을 넘나들어 자녀들이 잘 자랐고
내자內子의 헌신적 배려로 화평스레 살았다

세월이 갈수록 우리 부부의 노쇠는 심화되고
병 증세가 눈에 띄어 서로 간호하며 병원 나들이
치료할 수 있는 의료센터가 믿음직하니 감사하다

빌고 또 비옵나니
사전연명의료의향서를 사용하잖고 순명케 하소서

서서울호수공원

능골산 기슭에 앙증맞게 자리 잡은
서남권 최대 테마공원이라고 하는
아름다운 '서서울호수공원'이다

남북으로 타원형처럼 연못 같은 호수
물가에는 수양버들 늘어져 물에 적시고
진달래, 개나리, 버들강아지 꽃잎 핀다

물 위엔 쟁반 같은 연잎이 두둥실 떠 있고
그 사이를 누비는 한 쌍의 오리와 원앙은
유유히 물놀이 즐기기에 여념이 없다

호수 상공은 김포 비행장으로 가는 항로
호수 중앙은 비행기 소리에 리듬 맞춰서
소리 분수가 하늘 향해 줄기차게 치솟는다

사람들은 귓전을 때리는 소음에는 아랑곳 없고
솟구쳤다 떨어지는 분수에 탄성 지르고
비행기 오기만을 기다리며 하늘을 본다

소리 분수 아름다워 눈은 즐거워하고

소음을 싫어하는 귀는 짜증을 내는
양날의 칼 같은 마음도 헷갈려진다

호수를 한 바퀴 걷는 시간은 15분 소요
사람들은 무리 지어 소담하고 걷기 하며
건강과 힐링하기 좋은 천혜의 공원이다

당신을 사랑합니다

당신이 먼 데서 걸어오는
고운 앞모습을 바라고 있을 때
사랑하고픈 마음이 자연스레 솟아
정신이 아찔해 얼굴이 달아올랐습니다

당신과 헤어질 땐 뒷모습을
한없이 지켜보자 잠깐 돌아보고
방긋 웃으며 손을 흔들며 사라지는
참하고 곱단한 몸짓을 눈에 담았습니다

당신을 만날수록 관심은 끝이 없고
주고받은 모든 대화에 간절함이 흐르고
헤어진 뒤에는 금세 보고프고 존중하고픈
그리움 때문에 다시 만날 날을 기다렸습니다

애달아 안절부절못하다가 기도하며
안녕을 빌고 손꼽아 기약한 그날 그때
그곳으로 조급히 발걸음 재촉해 먼 길을
마치 날듯이 달려가 반기며 마냥 좋아했습니다

아, 옛날이여

흔적도 없고
찾을 길마저도 없는
옛날의 애타는 사랑이
못 잊을 추억이라는 걸

지난날 어린 시절
엄마가 주는 삼각프리즘
프리즘을 통해 사물을 볼 때
휘황찬란한 오색 무지개 빛깔

아름답던 그날들
사무치게 쌓인 추억일 줄야
나이가 듦에 따라 그리움돼
한없이 아쉬웁게 느껴만진다

아, 옛날이여
꿈에도 보고프고 그리워라
즐거웠던 과거의 일상들이
세월 감에 늙음도 짙어가니
더더욱 그때가 애달프구나

비움에 대하여

비움은 채움의 가능성이다

희망과 사랑의 마음을
여유롭게 받아들일 보물단지다

요술을 부리기 위한 상자가 아니다
엉터리 과학을 연구하는 자리도 아니다

빈 마음에 옳은 정의와
다양한 진실과 자유를 담아 키우는 일

비움은 새로워질 미래지향이다

빌고 빌면서

보고 싶다고 생각만 해도 내 가슴속이
두근두근하여 머리 흔들어 지우려 합니다

사랑한다는 삶이 향기로워 노상 희망이
가득하게 차올라 나도 몰래 웃곤 합니다

그립다고 말하면 너무나 그리워질까 봐서
그냥 혼자 살짝 눈짓으로 찡긋찡긋합니다

누군가 날 몰래 본다면 정신 나간 사람으로
여기겠지만 영롱한 그녀를 잊을 수 없습니다

서로에게 기쁨이 되고 무지개다리를 걷는 양
먼 그 건너편 그녀 있는 곳으로 달려갑니다

그리움이 깊어 애가 탄 만큼 흡족한 기쁨의 시간
소중한 존재로 함께하며 사랑하기를 빌고 빌면서

오늘 하루

오늘은
어제의 과거와 내일의 미래
사이에 존재하는 현재의 지금,
시시각각 지나가고 있는 날이고

하루도 빠지지 않는 일생에 가장
소중한 날로 기쁨과 사랑을 담아
자신의 행복을 찾는 역사의 날이다

매 순간이 은혜이고 축복받는 날이라
알차고 지혜롭게 촌음을 아껴 일하고
내일의 초석이 되도록 열정을 다하며

오늘 하루도 세월에 휘감겨 재빠르게
흘러가는 인생길이기에 가장 즐겁고
행복이 샘솟는 애착이 가는 날로 살자

석양

뉘엿뉘엿 지는 해가 서산마루에 얹어 있다
마루 위에 불그레한 해가 황금인 양 걸친 채
득량만得粮灣을 온통 물들이니 붉은 하늘 바다

그 밑 득량도島 그림자가 바다 물결에 넘실넘실
파랑波浪을 타며 휩싸이는 영롱한 찬란한 낙조
붉은 하늘이 바다로, 바다는 붉은 하늘로의 선회*

수천만 봉황새가 상상을 초월하는 황홀한
비경祕境을 이루었다가 사그라드는 모습 자체가
어둠으로 향유享有되는 또다른 선경*이나니

누가 자연의 장엄함을 시로 그림으로 구사*할까 보냐
인생의 반환점을 한참 돌아와 말년에 다다라
낙조만큼 결코 휘황찬란하게 사라질 수 없다는 자괴*

나는 나를 채근하며 살 같은 세월에 캄캄히 묻히리라

* 선회旋回: 둘레를 빙빙 돎.
* 선경仙境: 신선이 산다는 곳.
* 구사驅使: 말이나 수사법, 기교, 수단 따위를 능숙하게 마음대로 부려 씀.
* 자괴自愧: 스스로 부끄러워함.

기러기 떼의 염원

나는 국경 없는
기러기 무리 중 한 마리
살고 싶은 곳을 찾아 떼 지어
한대에서 온대로 고공 이동한다
여덟 팔八 자 눈썹에 달고
기러기 팔팔팔八八八 꼬리 따라
창공을 날아서 살기 좋은 곳에 이사移徙
맨 앞잡이 우두머리가
기럭~ 하면 모두 따라 기럭기럭~~~~
따라오라고 따라간다고 안심하라고
가다가 배고프면 먹고 가자고
함께 나눠 먹자고 기기럭기기럭
철책선도 휴전선도 아랑곳하지 않고
북녘 남녘 할 것 없이 신산스럽지만*
내 본디 하늘과 땅 잊지 말고 꼭 꼭꼭
반드시 그 대륙 산천으로 되돌아가자고

* 신산스럽다 : 보기에는 사는 것이 힘들고 고생스운 데가 있다.

짓궂은 늦가을비

옷깃을 여미는 늦가을 언저리
회색 구름이 바람을 타고 지나며
머금은 비를 짓궂게 차분히 뿌린다

함초롬 젖은 나뭇잎들이 우수수
색색 옷 벗겨 비참하게 낙엽 쌓고
앙상한 나뭇가지들만 처량하여라

우산 속 사람들의 마음은 무겁고
마치 서리처럼 가늘게 내리는 세우細雨
높은 산 상고대를 덮은 은박 수정水晶

삭풍은 저만치서 불둥 말둥하고
가을에 밀린 겨울은 꿈속 같은데
동장군은 겨울이 그리워 안달이다

감사 일곱 가지

두 귀에 정지의 도마 칼소리가
도독두둑 들려 잠을 깨자 식욕이 발동하고
참새들의 재잭째짹귐이 봉창을 넘으니 첫째 감사

두 눈에 동쪽에서 돋는 햇빛이,
창을 열자마자 환한 빛 부심이 세상을 생동하고
기지개를 켜며 일어나 문밖으로 나가는 둘째 감사

두 콧구멍에 구수한 밥과 된장국
냄새를 열 차게 맡고 소세하고 낯을 씻고 나서
머리끝부터 발바닥까지 온몸을 운동시키는 셋째 감사

층층시하 밥상이 안방 건넌방 마루
아래채 방과 마루에도 마당 가운데 평상에도
직계와 방계가족과 식구와 군식구 밥 먹는 넷째 감사

밥 자리에서 후다닥 먹고 각자 갈 곳
먼저 깔 베러 가는 일꾼, 가방 메고 학교로 달리고,
농기구 들고 논밭으로 일하러 떠난 뒤 설거지 다섯째 감사

해 질 녘이 되면 어김없이 각자 집으로

돌아와 어둑어둑하면 아침처럼 저녁밥 먹고 각각
제 방으로 가 할 일 하고 오롯이 잠자리에 드는 여섯째 감사

매일매일 시시각각 자기 자리에서 일하는 일곱째 무사 감사

사계四季의 순환

계절은 자연의 순리로
제철마다 오고 가는데
인간은 분수를 저버리고
계절 탓하기에 여념 없다

여름철이 덥다고 짜증 내고
서늘한 가을을 재촉하지만
여름날이니까 무더위인 것을
원망하고 탓을 한들 무얼 해

밀어내지 않아도 때가 되면
스스로 물러날 줄도 알고
가을을 불러올 줄도 아는데
참을성 없는 사람이 성화다

무더운 더위도 겪어 봐야
서늘한 가을의 진가도 알고
계절의 고마움도 체감하며
자연이 주는 진리도 알리라

어느새 겨울이 닥쳐오면

엄동설한이 춥고 싫다고
또다시 성화를 부리면서
꽃 피는 봄을 재촉하겠지

사철의 순환은 변함이 없다

하루하루

늘 멋지게 떠올라서
따스한 햇볕 비춰 주고
황홀하게 지는 태양처럼

언제나 새롭고 희망찬 오늘
즐거운 마음으로 시작하고
보람으로 마무리할 수 있는
아름답고 행복한 하루하루

열망하는 꿈을 향해 적극적
자세로 최선을 다해 정열을
불태울 때 길은 뚫리고 열려
앞날이 보장되는 꽃길을 걷는

인생에 영광과 축복 있으리라

사랑탑

연민(憐愍)은
사랑을 싹 틔운다
불쌍하고 가련한 마음이
정성을 담아 애쓰면 숭고하다

혹독한 가난과 병든 몸들
심지어 가족이 없는 홀로다
돌봄과 기도는 역경의 감내
회복의 기적을 일으키는 믿음이다

밤낮의 흐름따라
사랑의 색깔도 그 농도가
달라지고 무뎌질 수밖에 없다
하지만 간절한 마음은 장밋빛 소망

그리하여 작지만 견고한
사랑의 탑을 쌓는 봉사자들의 꿈과 소망
보혜사 성령의 도우심 보살핌이
그네와 영원히 함께하기를

남 탓 내 탓

남 탓하지 말고
내 탓이라 하고
낮은 자리서 겸허하게 살자

살다 보니 잘 되면 내 탓
잘 못 되면 모두 다 네 탓
부부끼리도 왜 상대방 탓일까

강산이 돌변하는 일은 없다
제 처지에서 제 모습 제 나름으로
세월을 견디며 하나하나 체득한다*

세상일 모든 것이 각인各人의
몫이란다 이러쿵저러쿵하지 말고
"내 탓이요, 내 탓이요, 내 탓이요" 하자

* 체득體得하다 : 몸소 체험하여 알게 됨. 뜻을 받아서 본뜸.

심신정心身情

마음[心]이 가는 사람에게
정情도 따라가고
정이 머무는 곳에 마음도 머문다

몸[身]이 끌리는 곳에
마음[心]과 정情이 스며들면
심신정心身情이 연합해 한 가지다

마음과 정은 동일선상이고
맘과 몸이 때로는 동전의 양면
주어야 받고 받아야 더 주는 관계

우리네 삶에서 다 바치는
몸과 맘과 정을 배반하고 또 당할 때
슬픔과 아픔이 사무쳐 한없이 흐느낀다

소낙비 전과 후

먹장구름이 뭉쳐서 하늘을 캄캄히 덮고 있다면
너무 무겁고 버겁고 무서워서 안타깝지 않았겠니?
견디다 못해 한꺼번에 빗방울로 몽땅 쏟아버린다면

땅 위에 짝짝 뿌리면서 번개가 치고 천둥소리 울려서
굵다란 빗줄기가 내리치니 사시나무 떨듯 흔들리면서
폭염을 쫓아주니 시원하고 후련해 너울춤 추는 생물

하늘을 비우고 나니 가볍고 홀가분해 깨끗이 파랗구나
무서워 잠깐 숨었던 동물들과 샤워를 한 모든 식물들은
깨끗하고 싱그럽고 말끔한 게 신바람 난 양 멋들어졌다

날아다니고 뛰어다니며 햇살 받고 바람 맞은 환한 짓들
북동쪽 하늘에 조개구름을 깔고 일곱 빛깔 무지개 뜨고
축축이 젖은 땅 불어난 도랑과 냇물 곳곳에 피는 물안개

소낙비 내리기 전 캄캄한 천지와 비 그친 들판의 새로운 천지

자연과 함께하는 삶

해는 떠서 노을이 질 때까지
세상을 관조하며 비추다가
달이 뜨기 전에 밀려난다

하늘과 땅과 바다를 아우르고
대자연과 세상을 지배하는 빛과
어둠의 틈새 속에서 태어난 우리들

한 세월과 동행하며 숨 쉬면서
삶의 여생이 건전하고 아름답고
행복하게 펼쳐지기를 소원하노니

즐거움이 샘솟는 삶의 여정 속에
보람지고 가치있는 인생길을
후회 없이 걷고 싶은 심정이다

바람[望]

나의 바람은
내 기앙*이다

기쁜 일은 별빛처럼 빛나고
좋은 일은 햇살인 양 환하다

슬픈 일은 눈물을 흘리게 하고
나쁜 일은 센 바람에 휘둘리는 격이다

우린 누구에게나 바람이 있다
제각각 소원대로 성사되고 허사가 된다

모든 일은 제 나름대로의 바람이기에
생전에 이루면 감사이고 죽어서는 애사일까

* 기앙企仰하다 : 이루어지기를 바라고 기다리다.

 해설

향토적鄕土的 자연과 사물 속의 삶을 형상화
– 조남두의 시

최규창 (시인·《창조문예》 주간)

□ 시에 대한 뜨거운 열정의 결과

　조남두趙南斗 시인은 2024년 12월에 90이 가까운 나이로 월간 《창조문예》 시추천으로 등단했다. 등단한 지 1년도 안 되어 500여 편의 시 중에서 160편을 선정해 시집 『사라진 내 고향 한유閒有』를 펴냈다. 그동안 500여 편의 시를 창작한 것은, 등단 이전부터 시에 대한 뜨거운 열정의 시작詩作의 삶이었음을 보여 준다. 이러한 그는 문학계열보다 수산업에 종사해 왔다. 국립 부산수산대학을 졸업한 이후 한국수산업개발공사 기획실 부장, 대왕실업㈜ 상무이사, 동원산업㈜ 이사, 동신냉동식품㈜ 부사장, 국립군산수산대학 강사 등 수산업에만 종사한 것이다. 그러나 늦깎이로 시인이 되었던 것은 아버지의 영향으로도 볼 수 있다. 「늙어서야 시인이 되다」란 시에서 보여 주듯이 아버지가 한시漢詩를 지어 읊기도 하고, 손수 글씨를 써 여덟 폭 병풍을 만드셨다. 이 가정 속에서 자란 조 시인도 시를 창작할 수밖에 없는 유전적遺傳的 삶이었음을 감지할 수 있다.

이 시집의 시들은 향토적鄕土的인 자연과 사물 속에서 자서전적自敍傳的인 삶을 형상화했다. 어렸을 적부터 지금의 황혼에 이르기까지 체험한 삶을 시로 구성했다. 특히 고향에서의 추억과 고향에 대한 그리움, 그리고 고향의 자연과 풍속, 가정에서의 삶과 가족과의 사랑 등을 전개시키고 있다. 긍정적인 시각으로 사유思惟와 고뇌의 결과를 아름답게 승화시키는 특징을 지니고 있다. 개인사적인 시적 대상을 우리의 객관화된 순수한 정서와 사랑, 서정으로 전개시키고 있기 때문에 잔잔한 감동을 주고 있다.

이러한 것은 조남두 시인이 추구한 시세계를 「사라진 내 고향」이란 시에서 그대로 보여주고 있다.

    탯줄 묻고 자라던 어린 시절
    버드나무 잔가지 꺾어서
    망둥어 짱뚱어 잡던 바닷가
    장도와 송도가 눈앞이었지

    봄이면 아지랑이 피어오르고
    하늘에는 종달새 지지배배
    저녁때면 초가집 지붕마다
    희게 검게 피어나는 굴뚝 연기

와상 옆에 모닥불 연기 피워
모기떼 쫓던 더운 여름날 밤
별이 쏟아질 듯 총총한 은하수
북두칠성 삼태성을 눈에 담고

부푼 꿈을 꾸며 자라던 동네는
산업화로 개발되어 흔적도 없어
추억 속에 잠든 고향의 그림자
안타깝게 그리움만 살아 숨 쉬고

정든 고향 산천을 등지고 타향에서
누구나 흩어져 산 세월 고달팠다
소식 없이 방황한 힘든 아픈 세월
생각할수록 회귀본능 눈물범벅이다
―「사라진 내 고향」의 전문

  이 시는 화자가 어렸을 적에 보냈던 고향의 풍경과 풍속, 그리고 산업화의 개발로 사라진 고향을 그림 그리듯이 그리고 있다. 제1연은 어렸을 적에 지녔던 추억과 제2연은 고향의 풍경, 제3연은 고향의 풍속과 별이 총총한 여름밤과 제4연은 산업화의 개발로 사라진 고향과 고향에 대한 그리움, 제5연은 정든 고향을 떠나 타향의 힘든 세월 속에서 고향에 대한 그리움을 형상화했다.
  특히 제1연은 고향에서 자라던 어린 시절에 "버드나무 잔가지 꺾어서 / 망둥어 짱뚱어 잡던 바닷가"를 떠올리고 있다. 그 바닷가의 눈앞에는 장도와 송도가 위치하고 있다. 이러한 바닷가는 어린 시절의 놀이터로 지냈을 것으로 보인다. 그 당시에는 지금처럼 화려한 낚싯대를 구하기가 힘들었다. 대나무나 버드나무 잔가지 등을 낚싯대의 대용으로 사용했다. 제2연은 우리나라 80년대 이전의 전형적인 농촌 풍경이다. 봄이면 언덕마다 아지랑이가 피어오르고, 하늘에는 종달새가 '지지배배' 노래한다. 그리고 저녁 무렵에는 저녁밥을 짓기 위해 불을 피우면 초가지붕의 굴뚝에서 희고 검은 연기가 피어오른다. 지금은 농촌에 초가집이 거의 없으나, 그 시절인 조 시인의 어렸을 적에는 대부분 초가집에서 살았었다. 제3연은 마당에 놓여있는 와상, 즉 침상 옆에는 모깃불을 피워 연기로 모기떼를 내쫓으며, 가족들이 모여 앉아 여름밤을 보냈다. 화자는 와상에 누워 별이 쏟아질듯한 총총한 은하수를 바라보며, 북두칠성과 삼형제별인 삼태성을 찾아 눈에 담는다. 정겨운 농촌 풍경과 산업화 이전의 맑은 밤하늘을 연상시켜 준다. 그 당시 농촌에서는 밤하늘의 총총한 별을 볼 수 있었던 것은, 공장이 없는 청정지역이었기 때문이다. 제4연에서 어렸을 적에 꿈을 키운 고향마을은 산업화의 개발로 흔적도 없이 사라지고, 이제는 추억 속에만 잠든 고향이다. 그러기에 고향에 대한 그리움만 살아 숨쉬고 있다. 제5연은 정든 고향산천을 등지고, 타향살이의 고달팠던 삶을 돌아보며, 회귀본능적으로 고향 생각에 눈물이 범벅인 삶을 고백한다. 무엇보다도 고향을 떠난 타향에서의 삶은, "누구나 흩어져 산 세월 고달팠다 / 소식 없이 방황한 힘든 아픈 세월"이란 구절처럼 고달프고 아픈 세월이었기 때문이다.

□ 고향마을인 '한유'의 추억과 그리움을 추구

조남두 시인의 고향은 전남 순천시 해룡면 선월리에 위치한 한유閑有마을이다. 이 마을에서 태어나 태胎를 묻고 꿈을 키우며 자란 곳이다. 지금은 산업화의 개발로 '한유'란 마을이 사라진 것이다. 이 선월리는 광양만에 접해 있는 포구이다. 정유재란 당시에 육전에서 퇴진한 왜군이 전라도를 공략하기 위한 전진기지 겸 최후 방어기지로 삼기 위해 이곳에 성을 쌓았다. 여기에는 이미 백제시대에 쌓은 검단산성檢丹山城이 있었기 때문에 이에 대응되는 의미로 새로 쌓은 성으로 신성新城이라고 불렀다. 일본 기록은 구성舊城인 검단산성을 조선성朝鮮城이라 하고, 그들이 쌓은 신성을 순천성順天城이라고 기록하였다. 그러나 왜군이 쌓았기 때문에 왜성倭城이라고 부른다. 선월리는 선월마을과 통천마을, 한유마을 등 3개 자연 마을로 구성되어 있다. 선월리는 현재 구릉지가 깎이고 갯벌은 매립되어 선월하이파크단지와 순천해룡일반산업단지로 변모되었다.

이러한 조 시인이 태어난 고향인 한유마을은 산업화의 개발로 사라졌다. 꿈에도 잊을 수 없는 고향이 사라진 것이다. 이제는 고향에 대한 추억과 그리움만이 남아있음을 시로 추구하고 있다.

천지 간에 수많은 곳 중 어두운 밤하늘에도 집집마다
대문 안에 밝은 달이 떠서 한가로움이 있다는
한유閑有에서 맨손 쥐고 울며불며 태어나서
그곳에 태胎를 묻고 성장하며 부푼 꿈을 꾸면서 살아온
정다운 동네 한유, 그 이름도 아름답고 그리워라

꿈에도 그리던 정든 고향은 국가발전의 산업화로
공단 조성사업에 전용되어 동네는 물론 고향 산천마저
흔적조차도 찾을 길 없이 사라지고 말았으니 참으로
애통하고 안타까워 눈물이 앞을 가립니다

수구초심首丘初心이라고 말 못 하는 짐승도 죽을 때면
머리를 고향 쪽으로 향한다고 하였는데
하물며 인간의 탈을 쓰고 얼마나 한심하고 통탄스러운 일
입니까
미수米壽를 넘다 보니 더더욱 그립습니다

'한유'의 샘물을 마시며 한 시대를 동고동락同苦同樂하신
일가친척, 친지, 친구 모두가 알뜰한 고향을 등지고
낯설은 타향에서 뿌리를 내리기 위해 노심초사하며
객지의 설움에 얼마나 고생들이 많으십니까

비록 생활에 쫓겨 소식이 적조한 나날을 살더라도 또다시
만날 수 있는 그 날을 학수고대하면서 '한유'라는
두 글자만은 잊지 마시고 사랑하며 항상 건강 보전하시며
행복을 누리시고 자자손손 무궁한 발전과 번영있으시기를
간절한 마음으로 두 손 모아 기원하는 바입니다
　　　　　―「꿈엔들 잊으리오 내 고향 한유閒有」의 전문

　이 시도 앞서 시처럼 화자의 고향마을인 '한유'에 대한 추억과 사랑, 그리움을 형상화했다. 이제는 흔적조차 없는 고향마을을

그리워하는 마음을 표현한 것이다. 제1연은 한유마을의 자랑과 한유마을에서 태어나 태胎를 묻고, 꿈을 키우며 자라온 마을이다. 그래서 정다운 한유마을이고 그 이름도 아름답고 그리워지는 마음임을 고백하고 있다. 제2연은 산업화의 개발로 사라진 고향마을은 흔적조차 찾을 수 없고, 애통하고 안타까워 눈물이 앞을 가린다. 사라진 고향마을에 대한 서러운 마음을 표현한 것이다. 제3연은 말 못 하는 짐승도 죽을 때에는 머리를 고향의 방향으로 향한다는 말처럼, 화자도 미수米壽를 넘다 보니 고향을 더더욱 그리워하는 마음임을 표현한 것이다. 제4연은 산업화의 개발로 일가친척과 친구 모두가 고향을 떠나 낯선 타향에서 뿌리를 내릴 수밖에 없는 현실을 전하고 있다. 이 타향인 객지의 설움과 객지에서의 삶은 고생일 수밖에 없는 삶을 표현했다. 제5연은 고향을 떠난 모두가 또다시 만날 수 있는 그날을 기다리며 '한유'란 마을을 잊지 말아야 한다고 호소한다. 고향을 떠난 모두를 사랑하고 건강과 행복을 누리며 발전과 번영을 기원한다. 화자의 고향에 대한 애절한 사랑과 그리움을 형상화한 것이다.

다음의 시에서도 조남두의 고향마을에 대한 추억과 그리움을 담고 있다.

① 바다의 용이 뭍으로 솟구치고 한가로운 달이 유유한 마을
앞바다에 배띄워 달과 노닐던 선유船遊놀이, 그곳이
내가 살던 농촌 어촌 산촌이 두루두루 어울렸던 촌락
한가운데, 지금은 흔적조차 찾을 길 없는 옛집
─「옛 집터는 간데 없고」의 제2연

② 고향 바라기가 한결같아 사라진 해룡면 한유
　　발자취를 더듬고 와온 바닷길로 순천국가정원
　　갈대숲으로 한 바퀴 너울춤 추듯 두루두루
　　다니면서 옛날처럼 새벽 서리 맞아 볼까나
　　몸소 체득할 망향의 기쁨과 보람이 가없어라
　　　　　　　─「다시 체득할 가을 망향」의 마지막 연

③ 야산을 등지고 남서해南西海를
　　호수처럼 안아 해변을 에워싸고 옹기종기
　　세워진 집과 골목길, 현대미를 좇으며 조망眺望과
　　전망이 좋은 곳에 '펜션'이 드문드문 엿보인다

　　태胎를 묻은 곳은 아니지만, 고향땅
　　'해룡'이란 두 글자가 몸에 배어서일까
　　'와온'의 갯마을이 더없이 포근하면서
　　아늑하고 온화함에 친근감이 감돈다
　　　　　　　─「와온의 해변」의 제1·2연

　예시한 이 시들은 고향마을인 '한유'에 대한 자랑과 추억, 그리움을 표현했다. ①은 고향마을의 기원인 "바다의 용이 뭍으로 솟구치고 한가로운 달이 유유한 마을 / 앞바다에 배띄워 달과 노닐던 선유船遊놀이"를 한 곳으로 소개하고, 그곳의 한가운데에 고향집이 있었으나, 지금은 흔적조차 찾을 수 없음을 한탄하고 있다. ②는 사라진 고향마을인 '한유'의 발자취를 더듬고, 와온 바닷길과 순천국가정원, 갈대숲을 한 바퀴 너울춤추듯 다니면서, 서러운 망향의 마음을 달랜다. ③ '와온'도 태를 묻은 곳은 아니지만 고향땅으로 인식하고 더없이 포근함을 느낀다. 와온의 해변과 갯마을이 포근하면서 온화하고 친근감이 감도는 것은, 지금은 사라진 고향의 근처에 있기 때문에 포근하고 온화하게 느끼고 있음을 보여 준다.

□ 긍정적인 시각의 사유思惟와 고뇌

조남두 시인은 자연현상이나 사물, 지난 일에 대한 흔적을 아름답게 보는 시각視角을 지니고 있다. 여수 오동도를 비롯한 설악산, 화진포, 몽돌해변, 와온해변, 대청호, 동녘바다 등의 자연현상을 미적美的 시각의 감정을 그대로 형상화했다. 그리고 「강남 간 제비는」이나, 「그 빛기둥을 잊을 수 없다」, 「나무는 엄마처럼」이란 시에서는 추억의 아름다움을 떠올리고 있다. 이러한 것은 부정적인 시각보다는 긍정적인 시각의 사유思惟와 고뇌에서 비롯된 것이다.

    한려해상 오동잎 닮은 오동도
    동백나무와 신우대는 사철 푸르고
    캄캄한 밤 정상에서 비추는 등대불은
    항해하는 선박들에게 길잡이가 되고

    겨울과 봄 빨간 동백꽃이 황홀하게
    피고 지고 해 관광객들을 현혹시키며
    여름날은 동백섬을 스치는
    해풍과 동백나무 그늘로 간담을 서늘케 한다

파도는 용궁과 기암절벽에 부딪혀
굉음과 물보라로 안개꽃을 피우고
끼룩끼룩 지저귀는 갈매기 소리는
오동도의 정취를 새롭게 드높인다

남해안의 푸른 바다 수평선 넘어
파도를 가르며 항해하는 선박들이
항구를 오가며 내는 뱃고동 소리는
오동도와 여수항을 찬란하게 빛낸다
　　　　　　　―「여수 오동도梧桐島」의 전문

이 시는 여수 오동도가 지닌 아름다움의 풍경을 그림을 그리듯이 그려내고 있다. 오동도는 전라남도 여수시에서 경상남도 통영군 한산도에 이르는 수역인 한려해상에 위치하고 있다. 이 오동도에는 해식동海蝕洞이 있고, 온 섬에 동백나무와 해장죽海藏竹을 비롯한 난대성 식물이 무성하게 자라나 자연경관이 아름다운 곳이다. 제1연은 한려해상에 오동잎을 닮은 오동도에는 동백나무와 식대인 신우대가 사철 푸르게 자라고 있다. 그리고 정상에서 비추는 등대불은 캄캄한 밤에 항해하는 선박들의 길잡이가 되어 준다. 이러한 오동도의 아름다움을 표현했다. 제2연은 오동도의 겨울과 봄마다 황홀하게 피고 지는 빨간 동백꽃이 관광객들을 현혹시키고, 무더운 여름날에는 해풍海風과 동백나무 그늘로 마음을 서늘하게 한다. 제3연은 파도와 갈매기의 소리가 오동도의 정취를 자아내게 해준다. 파도는 바닷속 용왕의 궁전인 용궁龍宮과 기암절벽을 부딪치는 굉음과 물보라로 안개꽃을 피우고, 지저귀는 갈매기소리로 깊은 정서를 자아내기 때문이다. 제4연은 남해안의 푸른 바다의 파도를 가르며 항해하는 선박들의 뱃고동소리가 오동도와 여수항을 찬란하게 빛내 준다. 이러한 이 시는 오동도에 대한 아름다운 시각의 이미지를 형상화한 것이다.

조 시인은 강원특별자치도 고성군 현내면에 위치한 화진포에서 '해돋이'와 '해넘이', '달맞이'의 아름다운 광경을 시로 노래했다. 「화진포 해돋이」의 제2연에서는 "어둠에 갇힌 세상을 활짝 여는 섭리 / 잠든 사물을 일깨워 하늘로 뻗게 하며 / 땅과 그 밑으로 퍼져갈 벅찬 생동이다"라 하여 해돋이가 주는 의미를 추구했다. 「화진포 해넘이」의 제1연에서는 "높고 낮은 산마루가 첩첩이 겹쳐진 서녘에 / 하루해가 불그스럼하게 물드니 참 곱다랗다 / 흔드는 바람과 그 밑의 물그림자 고즈넉하다"라고 해가 질 때의 광경을 표현했다. 「화진포 달맞이」의 제1연에서는 "자정이 넘었는데도 잠이 오지 않기에 / 밤이 깊을수록 아늑해지는 콘도를 나와 / 밤 바닷가 모랫벌을 사뿐사뿐 걸었다 / 바다에 달빛이 고즈넉하게 비추고 / 하얀 모래는 어둠 속에서도 선명하다"라고 화자의 달맞이 광경을 표현했다. 이 화진포에서의 해돋이부터 해넘이, 달맞이까지의 하루의 삶을 일기 쓰듯이 시로 승화시켰다. 이러한 것은 「설악 춘하추동」을 비롯한 「우리 동녘바다—정동진에서」, 「몽돌해변에서」, 「그 빛기둥을 잊을 수 없다」, 「대청호 둘레길 벚꽃을 보며」 등의 시에서도 그대로 나타나고 있다. 그리고 「강남 간 제비는」이나 「나무는 엄마처럼」은 '제비'와 '나무'에 대한 의미를 추구하고 있다. 특히 「나무는 엄마처럼」은 '나무'와 '엄마'의 의미를 동일선상에서 추구하고 있다.

나무는 얼음이 녹자마자
새싹을 틔워 새들의 보금자리를
파릇파릇 꾸며주고 살지게 먹인다

나무는 우거진 녹음이 된다
가지를 쫙쫙 펴 잎이 빽빽해져
그늘을 드리워 무더위를 피하게 한다

나무는 높고 낮은 산을 곱게
수繡를 놓아 열매를 살찌우고
알알이 익혀 사람과 산짐승을 먹인다

나무는 하얀 눈이 덮일 때
몸 사리잖고 벗은 채 찬바람을 막고
쌓인 낙엽 속에서 작은 생명을 보우保佑한다

나무는 벌목당한 뒤 목재로
집과 가구와 또 나무다리로 화목火木의
재로 변해 나무 밑동 거름이 된다

모든 걸 주고 또 주는 엄마처럼 자애롭다
　　　　　　　　　　—「나무는 엄마처럼」의 전문

　이 시에서 각 연의 마지막 행인 "파릇파릇 꾸며주고 살지게 먹인다"(제1연)나 "그늘을 드리워 무더위를 피하게 한다"(제2연),

"알알이 익혀 사람과 산짐승을 먹인다"(제3연)나, "쌓인 낙엽 속에서 작은 생명을 보우(保佑)한다"(제4연), "재로 변해 나무 밑동 거름이 된다"(제5연)는 것은, 마지막 연인 "모든 걸 주고 또 주는 엄마처럼 자애롭다" 하여 '나무'와 '엄마'의 관계를 동일시했다. 특히 '먹인다'나 '피하게 한다', '보우한다'나 '거름이 된다'는 엄마의 행위이기 때문이다.

□ 자서전적 삶의 이야기를 형상화

조남두 시인은 스스로의 자서전적인 삶의 이야기를 시로 엮었다. 고향에서 태어난 어렸을 적의 시절부터 오늘의 황혼인생까지의 삶을 시로 이야기하고 있다.「어릴 적 울엄마」를 비롯한「옹달샘 물과 어머니」,「웃음꽃 가족」,「별똥 카페」,「부부 한살이 그 다음」,「부부 바라기」등 가족 간의 이야기도 들려주고 있다. 또한 조 시인의 황혼기를 시로 엮은「마지막 길 위에 서서」를 비롯한「늙음도 자신이 감당할 몫」,「늙어서야 시인이 되다」,「노인의 소회」,「마지막 잘 살기」,「황혼의 인생」,「외로운 노년의 길」등은 노년의 삶을 추구했다. 그리고「낮밤 열대 속 가을 기다림」을 비롯한「귀뚜라미」,「아심찬한 가을 인심」,「첫눈 내리는 날」,「하루를 열며」,「흔적」,「찻잔 속의 달」,「강물보다 바람이어라」,「무념」,「미처 몰랐었네」,「자연과 함께하는 삶」등 사유와 고뇌의 삶을 영위하고 있음을 보여 준다.

　　부모님 슬하에서
　　아양 떨며 살던 때가
　　행복인 걸 미처 몰랐네

보릿고개 굶주리며
뛰어놀던 그 시절이
추억인 걸 미처 몰랐네

학교 종이 땡땡 치는
소년 시절 그 한때가
희망인 걸 미처 몰랐네

친구들과 차 마시며
웃고 지낸 그 순간이
기쁨인 걸 미처 몰랐네

풍요로운 세상이
인생 삶의 행복이고
보람인 걸 미처 몰랐네 　　—「미처 몰랐었네」의 전문

이 시는 화자의 삶에 대한 반성과 일깨움을 추구하고 있다. 전제된 삶 속에서의 '행복'과 '추억', '희망'과 '기쁨', '보람'인 것을 '미처 몰랐었네'로 반성과 일깨움을 보여 준다. 제1연은 부모님 슬하에서 귀염을 받으려고 알랑거리며 살던 때가 행복인 것을 미처 몰랐다고 고백한다. 제2연은 그렇게도 가난했던 보릿고개 시절에 굶주리며 뛰어놀았던 것이 추억인 것을 미처 몰랐던 것을 이제야 깨닫는 것이다. 그 당시 굶주림 때문에 다른 생각을 할 수 없었던 것을 이제야 깨달은 것이다. 제3연은 초등학교 다닐 때인 소년시절의 한때가 희망인 것을 미처 몰랐던 것도 안타까워한다. 제4연은 친구들과 함께 차를 마시며 웃고 지냈던 그 순간들이 기쁨인 것을 미처 몰랐다고 돌아본다. 그리고 마지막 연인 제5연은 풍요로운 세상이 인생의 삶에 대한 행복이고 보람인 것을 미처 몰랐다고 반성한다. 화자가 지금까지의 삶을 돌아보면서 반성하고 깨닫는 결과를 표현한 것이다.

쓸쓸한 가을밤
달빛 내린 창가에 앉아
조용히 사념을 즐긴다

그 어느 누가
둥근 달이 밤하늘에만
떠 있다고 말하는가

은은한 차 향기는
후각과 미각을 감돌아서
몸과 맘을 달래주고,

고요로운 밤중일수록
잔 속의 달을 바라며
벗님네를 연상해 그린다 ─「찻잔 속의 달」의 전문

　조 시인의 시 중에서 대표할 만한 작품이다. 우선 시적 구성이 분명히 짜여 있으며, 언어의 배열에 있어서도 간결함과 적절한 시어의 통일된 점이 시적 가치성을 높여주고 있다. 시의 틀이

견고함을 보여주기 때문이다. 이러한 이 시는 화자가 쓸쓸한 가을밤에 차를 마시며 사유思惟하는 모습을 볼 수 있다.

제1연은 쓸쓸한 가을밤에 달빛이 내리는 창가에 앉아 그릇된 생각이나 근심하고 염려하는 생각들을 떠올리는 것을 "즐긴다"고 표현한다. 그것은 사념思念 속에 깊이 빠져있음을 의미한다. 제2연은 "둥근 달이 밤하늘에만 / 떠 있다고 말하는가" 하고 질문한다. 그것은 가을밤에 사유하는 화자의 모습을 보여 준다. 제3연은 은은한 차향기는 코의 말초신경을 자극하고 혀에 맛을 느끼는 감각은 몸과 마음을 달래 준다. 제4연은 제2연에 대한 결과이다. 둥근 달이 밤하늘에만 떠있는 것이 아니라, 찻잔 속에 달이 떠있음을 보여 준다. 그것도 고요로운 밤중일수록 찻잔 속에 달이 뜨고, 그 달을 바라보며 벗님네를 연상하고 있다. 깊은 고뇌와 사유 속에서 얻어낸 결과이다.

그윽한 솔 향기에 이끌리듯이
우거진 숲속 산책로를 걸어올라
별똥별이 떨어질 만한 마루터기일까
어둔 하늘 높은 중턱에 자리한 카페

삼대 가족 일행이 지그재그로
굴곡진 길을 따라 오르막 밤길을
제각기 숨을 몰아쉬면서도 재잘거리며
마지막 고빌 오르자마자 확 트인 시야

길을 밝히는 가로등의 고운 곡선과

아래 숲 사이사이 빌라들의 불빛과
하늘서 쏟아지는 검푸른 별빛 총총
시원한 산바람에 몸 식히는 차일 밑

찬 음료와 찻잔과 다과를 먹고 마시며
아이들은 망원경으로 별 무리 관찰하기
어른들은 고개 젖히고 올려다보기
별똥별 하나에 아우성치며 서로 화답하기

참 좋은 가족 나들이를 아쉽게 마치면서
손에 손을 잡고 얘기하다가 또 제창하기
할아버지 1대 아버지 2대 손주 3대 가족들이
눈물겨울 만큼 행복한 사랑을 나눴나니
　　　　　　　　　　　　―「별똥 카페」의 전문

　3대의 가족들이 함께 나들이한 단란하고 화목한 가족의 모습을 보여 준다. 제4연에서 음료와 차, 다과를 먹고 마시며 아이들은 망원경으로 별무리를 관찰하고, 어른들은 고개 젖히며 올려다보면서, 별똥별 하나에 온 가족이 아우성치며 서로 화답하는 화목한 가정상을 그려주고 있다. 아이들과 어른들이 하나 되는 광경을 표현한 것이다. 우리나라 고유의 전통적인 가정의 광경을 보여준 시이다. 「웃음꽃 가족」이란 시에서도 "방글방글 미소 짓는 딸은 / 금방 피어나는 장미꽃"이고, 커다랗게 활짝 웃는 아들은 해바라기, 빙그레 웃는 어머니는 들국화, 껄껄거리며 웃는 아버지는 함박꽃으로 꽃 가족임을 보여 준다.

조남두 시집

사라진 내 고향 한유閑有

초판 발행일 2025년 9월 10일

지은이 조남두
펴낸이 임만호
펴낸곳 창조문예사
등 록 제16-2770호(2002. 7. 23)
주 소 서울특별시 강남구 압구정로 404, 2층(청담동) (우 : 06014)
전 화 02) 544-3468~9
F A X 02) 511-3920
E-mail holybooks@naver.com

책임편집 김종욱
디자인 이선애
제 작 임성암
관 리 양영주

ISBN 979-11-91797-78-7 03810
정 가 11,000원

※ 잘못된 책은 바꾸어 드립니다.